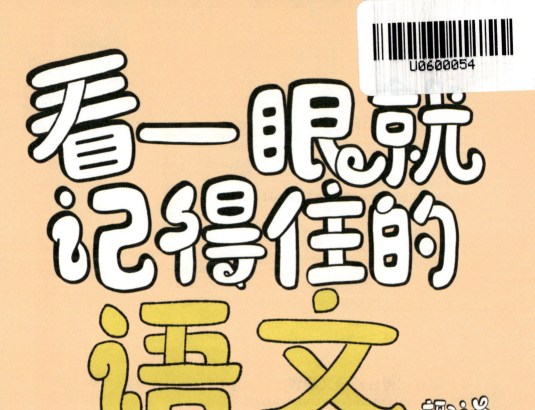

看一眼就记得住的语文趣谈

梁艳 著

时代文艺出版社
SHIDAI WENYI CHUBANSHE

图书在版编目（CIP）数据

看一眼就记得住的语文趣谈 / 梁艳著. -- 长春：
时代文艺出版社, 2025. 3. -- ISBN 978-7-5387-7566-2

Ⅰ. G634.303

中国国家版本馆CIP数据核字第20240AC891号

看一眼就记得住的语文趣谈

KAN YI YAN JIU JIDEZHU DE YUWEN QUTAN

梁 艳 著

出品人：吴 刚

产品总监：郝秋月

责任编辑：邢 雪

特约编辑：王 彦

装帧设计：丫丫书装·张亚群

排版制作：东方巨名

出版发行：时代文艺出版社

地　　址：长春市福祉大路5788号　龙腾国际大厦A座15层（130118）

电　　话：0431-81629751（总编办）　0431-81629758（发行部）

官方微博：weibo.com/tlapress

开　　本：710mm×1000mm　1/16

印　　张：16.75

字　　数：201千字

印　　刷：运河（唐山）印务有限公司

版　　次：2025年3月第1版

印　　次：2025年3月第1次印刷

书　　号：ISBN 978-7-5387-7566-2

定　　价：48.00元

图书如有印装错误　请与印厂联系调换　（电话：13701275261）

原来语文也可以这样学

"读书不觉已春深，一寸光阴一寸金。"

"问渠那得清如许？为有源头活水来。"

"粗缯大布裹生涯，腹有诗书气自华。"

在几千年璀璨的中华传统文化中，类似这般耳熟能详的励志诗词浩如烟海。古人们利用这些从切身体会中提炼的精辟诗句，与我们在精神层面进行深度链接，告诉我们读书明智的道理。而读书明智的基础能力就是语文能力。学好语文，是我们迈向美好未来的基础，是我们攀登未来高峰的云梯。

语文是交流的工具。人具有社会属性，需要有一定的与他人沟通交流的能力。无论是口头交流还是书面交流，都离不开语文。语文的听说读写已经渗透到我们生活的方方面面，构建成我们与他人沟通的桥梁。

语文是提高思维能力的工具。擅长语文的人，往往也具有很强的逻辑思维与表达能力。它是我们大脑处理信息的工具，传递信息的载体，也是我们思考问题的基础。学好语文，能提高逻辑思维与表达能力，也能提升分析问题、解决问题的能力。

　　语文是中华文化的载体。通过学习语文，我们可以了解我国博大精深的历史文化，可以传承并发扬我国的民族文化，还可以增强我们民族的文化自信。同时，语文还是学习所有文化学科的基础。无论是文科还是理科，我们都需要有扎实的语文功底，才能更好地理解、掌握和运用相应学科的知识。既然语文学科如此重要，那我们应该如何去学习语文，提升我们的语文能力呢？

　　一位高考文科状元说自己的经验就在于"读书"二字。的确，语文这一门学科的学习，重在熏陶渐染，贵在日积月累，没有太多的捷径可走。然而，"读书"二字，却有着很深的门道，我们应该读什么书？怎么去读书？读完书后，怎么去总结？怎么去内化？怎么去输出？诸如此类的问题，直接影响着我们的学习效果。

　　过去，许多人认为语文课的学习任务就是"听""说""读""写"。然而，随着大语文时代的到来，我们不能仅依靠过往的学习经验，还应该懂得打开学习格局、不断提升对语文学习的新认知，从而适应大语文时代对提升语文学习能力的新要求。

　　那我们应该如何评估自己的学习能力呢？教育学家布鲁姆为我们总结出了学习能力金字塔。这个金字塔的底层是基础学习能力，层级越高，对学习能力的要求越高。高级的学习能力建立在底层学习能力的基础上，对学习的自主性要求也比较高。学习能力金字塔一共分为六个层级，从底层到高层的学习能力分别是：识记、理解、应用、分析、评估、创造。我们想要深入学习语文，实际上也应从培养这六个阶层的能力着手。

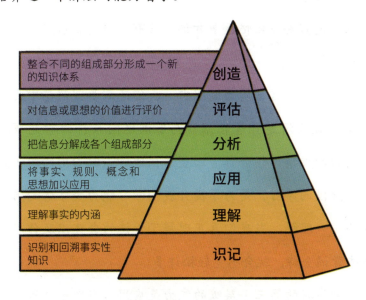

整合不同的组成部分形成一个新的知识体系 ————— 创造

对信息或思想的价值进行评价 ————— 评估

把信息分解成各个组成部分 ————— 分析

将事实、规则、概念和思想加以应用 ————— 应用

理解事实的内涵 ————— 理解

识别和回溯事实性知识 ————— 识记

图1　布鲁姆学习能力金字塔

在日常的语文学习中，我们可以将这六种学习能力结合在一起来培养。因为这六种学习能力是相辅相成、互相影响的。同时提升这六种学习能力比较好的方法就是学习我国璀璨的诗词文化。诗词是我国几千年汉语文化的精髓所在，是历代文人志士的智慧结晶。我们学习诗词，其实是站在历代文人巨匠的肩膀上，探索汉语言文化的精妙所在。这是一条提升语文能力的快速通道，是让我们对语

文学习开窍的具体方法。它可以引领我们从语文"围城"的门外汉成长为真正摸清门道的精通者。

那如何通过学习诗词来提升六大学习能力呢？以学习北宋文学家王安石的《泊船瓜洲》为例。首先，这首诗需要全文背诵，这就用到了学习金字塔最基础的学习能力——识记。因此，学习语文学科的基础就是需要多记忆、多背诵，没有平日的积水成渊，哪有日后的文思如泉？

其次，在学习这首诗的过程中，我们还需要理解诗中每一个字词的含义，梳理清楚作者在京口与瓜洲之间旅行的所见事物，体会作者当时的心情，体会作者回望居住地钟山时心中的依依惜别之情。这一阶段的学习，是为了提升我们学习能力金字塔的第二个层级的能力——理解。当我们真正理解了古诗的含义以及作者的情感时，再去背诵全诗，就会感觉轻松许多。

学习金字塔的第三个层级的能力是应用。当理解并能背诵全诗后，我们可以将其中美好的诗句应用于写作之中，也可以将应景的诗句应用于平时的学习与生活之中，做到学以致用。用那些精辟的诗句来装点日常的生活，让我们的生活变得更加美好、充满诗意。将学到的语文知识活用起来，这也是激发我们语文学习兴趣的一种非常好的方法。

除了会背诵、会理解、会应用以外，我们还可以对古诗进行全方位的分析。我们可以分析诗人为什么要先写船行之快、心情愉悦，再写放眼南望、思念故乡；可以分析诗人为什么要用春风和明月的意象，来表达自己的思乡之情；也可以分析诗人为什么要以疑问句作为结尾等。有了这些分析，我们才能针对古诗进行更深层次的思考，而不仅仅是停留在字面理解的层次。同时，这也是探索诗词技巧、总结诗人们创作经验的有效方式。通过细致的分析与思考，我们能够与诗人们的创作智慧做深层次的链接。通过对这一步骤的大量练习，我们可以快速提升诗词鉴赏能力。

在进行了深层次的分析思考后，我们可以当一次"文学评论家"，来评估一下这首诗写得如何，它的优点、缺点分别是什么；诗中的千古名句"春风又绿江南岸，明月何时照我还"到底好在哪里，它的特点是什么；这首诗与王安石其他的诗词相比，又有哪些特点；我们在创作时可以从中借鉴哪些经验等。通过类似的评价练习，我们可以加深对诗词的理解。

最后，所有学习的最终目的都是为了帮助我们提升创作能力，这也是学习能力金字塔最高层级的、基于前五种学习能力的、能够使知识和实践融会贯通的学习能力——创造。我们都明白背诗千首成不了诗人，只有不断提升自己的创作能力，才有可能成为诗人，这也是学习能力金字塔底层能力与顶层能力的差异所在。只有培养好前五种学习能力，才能逐步提升创作能力。因为创作能力是在前五种学习能力内化、融合基础上进行的一种输出。我们需要大量练习，写得多了，自然就有了创作的灵感和能力。

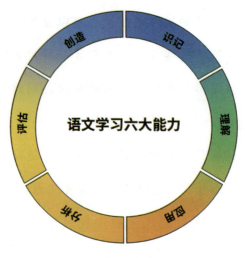

图2　语文学习六大能力

　　大语文时代的到来，要求我们用科学的方法提升学习语文的六大能力。真正的学霸，不是只会背诵、擅长做题的"学习机器"，而是有积累、可理解、懂应用、会分析、可评估、能创作的高级复合型人才。在这本书里，笔者基于语文的学习方法、语音字词、修辞手法、古文诗词、文化常识、阅读理解、作文写作各大版块，用梳理文化知识脉络的方式，提炼出语文学科的重点、难点，相信这本关于语文学习的书籍定能成为一盏为你指明语文学习方向、帮你找到语文学习自信的启明灯。

如何在语文学习中找到自信

——掌握五种技巧提升核心竞争力

在大语文时代到来之际，语文课被重新定义，转变成了一门语言与文化的综合性学科。对于这样一门博大精深的学科，我们究竟如何才能抓住它的核心与要领，并学以致用呢？

这里有五种高效学习语文的技巧可以作为参考。这五大学习技巧，已经帮助过许多孩子快速提升语文学习成绩，将他们领进了语文的殿堂。他们因此领略到了语文世界的美好，变得不再畏惧语文，而是从中找到了自己的核心竞争力，开启了学习语文的智慧之门。

一、学会用思维导图的方式来梳理语文知识框架

真正的学霸，懂得将厚厚的课本读薄，在自己的大脑中形成一个庞大的知识系统。那怎么才能将厚厚的课本读薄呢？其实很简单，我们只要学会了用思维导图的方式来梳理出平时所学的语文知

识框架，就可以将那些看似杂乱繁多的知识点，进行系统整理，形成体系，就好比将一块美味营养的知识压缩饼干放进了自己的大脑；等到要用的时候，只要再将这个知识框架拿出来，进行知识延展就可以了。需要注意的是，我们使用了思维导图的方式来梳理框架。思维导图是一种符合大脑记忆与联想的方式，因此，利用思维导图方式制成的知识框架，就像一些能快速开启大脑程序的密码，更加便于大脑的记忆与搜索。

二、使用游戏的方法来延展知识框架，复习语文知识

对于大多数人来说，游戏比学习更令人感到轻松与愉快。同样都是攻克难题、继续进阶的事情，为什么两者的差距却如此之大呢？这里其实隐含了两个关键性的因素：压力与及时反馈。学习常常会给我们带来无形的压力，而作为娱乐的游戏则完全没有这方面的困扰。此外，游戏可以得到及时的反馈，在大脑中形成一种奖励机制、一种正向循环的反馈。如果我们抓住这两点，将之应用于语文学习中，就能激发学习兴趣、提高学习效率，同时，这也有助于我们灵活运用所学的语文知识。

构建了知识框架之后，还可以创造一些不拘于书写的小游戏来帮助我们延展知识，复习巩固语文知识，比如知识卡片的答题游戏，知识框架的问答游戏，框架图意象的猜题游戏等。值得注意的是，在游戏的环节中，一定要设立一个奖励机制，比如答题积分卡、答题印章卡等。这样可以通过兑换积分的形式对自己高效复习的成果进行实质性的小奖励，以此作为语文学习正向循环式的反馈。

三、多阅读，并用讨论、分享的方式来梳理阅读心得

语文是一门需要日积月累的学科。我们需要通过大量阅读来获取足够的养分，不断提升认知，拓宽眼界，增长智慧。因此，阅读是语文学习的重点环节。许多学生虽然热爱阅读，但语文成绩却不太理想，这是因为他们虽然有浓厚的阅读兴趣，却没有正确的阅读方法。因此，我们可以把阅读与探讨结合起来，在亲子或是书友间进行讨论、分享。需要注意的是，讨论与分享的内容一定要围绕阅读的书籍进行。例如：最喜欢书中的哪个人物形象？为什么？喜欢书中的哪些故事情节？书中最大的亮点与败笔是什么？书中哪些知识值得我们借鉴？等等。

四、拓展背景知识，开阔学习眼界

无论我们是学习一篇课文，或是观看一部电影，还是接触一个新鲜的事物，我们都可以通过书籍、网络来拓展与其相关的背景知识，这样我们就可以以一个知识点为延伸，学习到与其相关的更多知识。而且通过这种方式学到的知识更加牢固全面，可以活学活用于多个领域。通过如此的长期练习，才能真正做到对知识的融会贯通。

五、在生活中积累写作素材，借助课本范文模板，进行创作练习

作文的写作素材并非凭空想象出来的，它一定是基于生活，在实际的生活中积累而来的。许多名家的小说，看似天马行空，实则也是在现实生活中获得的灵感与原型，这是符合一定客观规律的。我们想要让文章言之有理、言之有物，就必须在平日的生活与学习之中积累写作素材。俗语"巧妇难为无米之炊"说的就是这个道理，一个巧妇必须要有好的食材，才能用自己精湛的厨艺做出美味的佳肴。在这道佳肴中，好的食材和精湛的厨艺是相辅相成的，二者缺一不可。写作也同理，不仅需要积累大量的写作素材，还要掌握优秀的创作方法及技巧。

那优秀的创作方法及写作技巧要怎么获取呢？我们可以通过课本学习，获得一些优秀的创作方法和技巧，以范文为模板，进行前期的模拟写作练习。要想写出好文章，就要多做一些模拟写作练习，当我们有了大量的写作经验后，再写文章，就会取得很大的进步。在写作的过程中，我们还可以将平时阅读时积累的一些经典文章的成功经验运用到自己的创作之中，做到学以致用。这是快速提升写作能力的一个小窍门。当我们懂得站在文人名家的肩膀上，为自己的心声发言之时，我们就有了足够的写作自信，也就能激发对语文学习的兴趣，真正做到知之、好之、乐之。

看一眼就记得住的语文学习技巧

语文学习技巧

（1）学会用思维导图的方式来梳理语文知识框架

（2）使用游戏的方法延展知识框架，复习语文知识

（3）多阅读，并用讨论、分享的方式来梳理阅读心得

（4）拓展背景知识，开阔学习眼界

（5）在生活中积累写作素材，借助课文范文模板，进行创作练习

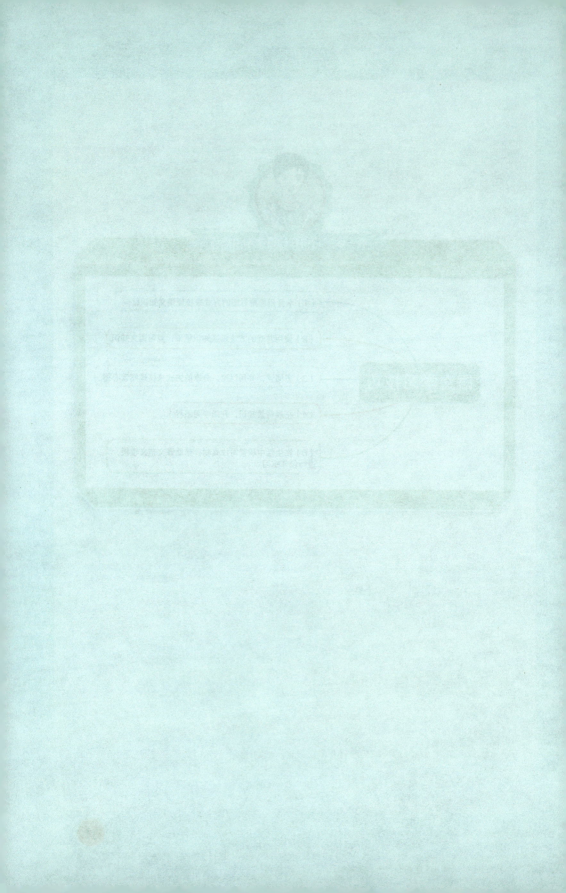

目录

第八章 写作高手练成的秘诀——灵活使用作文创作的妙招

第一章

这才是我最爱学的语文课
——遣词造句的趣味搭建

1 只有了解了汉字的结构，才能学懂语文

　　曹操不仅是我国古代著名的军事家、政治家、文学家，而且还是一位猜字高手。"黄绢幼妇"这个成语，就是源于《世说新语·捷悟》中曹操猜字谜的故事。

　　相传东汉时期，浙江地区有一个花季少女，名叫曹娥。她的父亲在江中溺水身亡。曹娥为了寻找父亲的尸体，投江而亡。这件事被传开后，引起了人们的重视，曹娥也因此被视为封建社会的"孝女"典范。为了纪念她，人们在上虞为她立了一块纪念碑，才华横溢的邯郸淳还为专门她写了诔辞。据说，邯郸淳创作这篇文章时，只是一个十三岁的少年。可他写作时，一气呵成，文章文采奕奕、感人肺腑。

　　当时著名的文学家蔡邕外出路过上虞，碰巧看见了这篇碑文。蔡邕十分感动，就在碑文的背面题了"黄绢幼妇，外孙齑臼"这八个大字。可是，当时没有人知道这八个大字的真正含义是什么。直到有一天，曹操与自己的下属杨修一同路过曹娥碑时，才真正解开了这个谜题。当时，曹操看了后，沉默思考了不多时，便面露喜色

地说了四个字："绝妙好辞。"这时，站在一旁的杨修也心领神会地解说道：

"这碑文上的'黄绢'是一种黄色丝绸，可以视为一个'绝'字；'幼妇'是指少女，'女'字右边加上'少'字，就是一个'妙'字；'外孙'是女儿的小孩儿，'女'字加上一个'子'字，即一个'好'字；'齑臼'是指捣碎姜蒜等辛辣辅料的工具，即'受辛之器'，就是'辞'字啦。（这里需要我们注意的是："受"字加上"辛"字，是"辞"字的一种古体写法。）所以'黄绢幼妇，外孙齑臼'就是'绝妙好辞'的意思了！"

我国历来就有猜字谜的文化传统。每逢元宵节、中秋节等传统节日，猜字谜的游戏都是人们十分推崇的文化活动。它将人们的智慧与汉字的结构特征巧妙地合二为一，在给大家带来乐趣的同时，还将我国的汉字文化传承了下来。

自从有了人类，就有了语言。在远古时期，随着生产力的不断提升、社会的不断发展，单调的有声语言，已经无法满足古人之间交往沟通的需要。人类的记忆往往与事实有些出入，人们常常各说各话，无法准确地传达或者记录一件事情。既然有了这样的难题，聪明的古人就开始苦思冥想，寻求破解难题的方法。

于是，在一次生产劳动的过程中，人们突发奇想，用树枝在地上画画，并用这种方式来记录劳动的成果。还有一些古人为了方便，使用在绳上打结的方式，来记录打猎时的收获。从此，画画记事、结绳记事的方式逐渐普及，为文字的发明打下了基础。

我国最早可以考证的文字，应该是商朝的甲骨文。可以说，文字是为了满足人类社会的发展需求而诞生的。

在数量方面，文字是随着人类使用需求的增长而不断增加的；在

形体方面，文字也为了使用便利而逐步演化。汉字在我们几千年的历史长河中，已经更换过多种书写形式，其演变的过程大概是：商朝时期的甲骨文、周朝时期的金文、秦朝时期的小篆、汉朝时期的隶书、汉朝末期的草书、魏晋时期的楷书和行书。

看一眼必须收藏的知识点

汉字的结构

汉字是世界上使用人数最多的一种文字，是一种表意文字，即用表意体系中的不同笔画构成的符号来记录汉语。我们使用的绝大多数汉字都是音、义、形的结合体。

我们都知道，汉字是由偏旁、笔画组合而成的。我们常见的汉字结构方式有九种：上下结构（如：思，歪，尘）；上中下结构（如：草，暴，意）；左右结构（如：好，棚，和）；左中右结构（如：谢，树，倒）；全包围结构（如：围，囚，困）；半包围结构（如：

包，区，闪）；穿插结构（如：噩，兆，非）；品字形结构（如：
品，森，聂）；单一结构（如：土、人、手）。

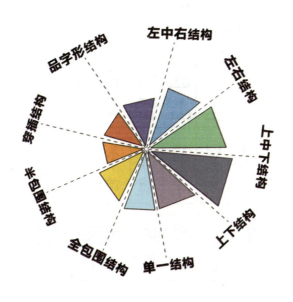

看一眼就要记住的知识点

汉字构造方式——汉字六书

　　汉字的构造方式，是指汉字的造字方法。这些方法是古人通过长期实践总结而得的，一共有六种，因此这些方法也被称为"六书"或者"六义"。它们分别是象形、指事、会意、形声、转注、假借。但是，在今天，人们又认为这"六书"中的转注与假借，只是用字的方法，与造字没有太大的联系。因此，现在我们常说的造字方法就是象形、指事、会意、形声这四种了。

象形：象形是一种描绘事物形状的造字方法。我们常见的象形字大多是独体字，无法被拆分开来。象形字虽然在汉字中所占的比例不大，但它却是构成汉字的基石，甚至许多形声字与会意字都是以象形字为基础构建的。

象形文字

指事：指事是在象形字的基础上添加一些具有提示性质的符号来构造汉字的一种方法，常常用来表示无法描绘的事物或者一些具有抽象意义的概念。因此，指事字往往被分为两类：一类是表示象征义的符号，例如："上""下""三"；另一类是在原有的象形字上加上提示符号的，例如"末""本""朱""甘""刃"。指事字大多也是独体字。

会意：会意是一种用两个或者两个以上的字组成一个字，并且把这几个字的意义重新组合成新的意义的造字方法。因此，会意字是合体字，其数量也比象形字和指事字的数量多一些。例如，休、明、家、晶、好、尘、俩、双、多、取、从、男、品、信、森、北等都是会意字。

形声：形声是一种由表示字音的偏旁与表示字义的偏旁组合成新字的造字方法。与会意字一样的是，形声字也是合体字；但与会意字不同的是，形声字的形旁大多都是象形字，用以区分字义，其声旁却可以是象形字、指事字、会意字，用以区分字音。例如：攻、爸、冻等。

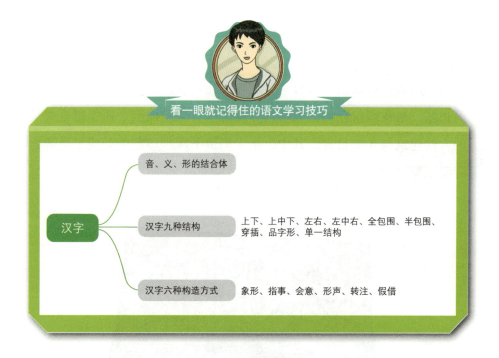

看一眼就记得住的语文学习技巧

汉字

音、义、形的结合体

汉字九种结构　上下、上中下、左右、左中右、全包围、半包围、穿插、品字形、单一结构

汉字六种构造方式　象形、指事、会意、形声、转注、假借

2 千万别当"白字先生"

——我们如何才能尽量不写错别字？

我国著名古迹独乐寺有一个趣味文化典故。这座寺院位于天津市蓟州区，是我国仅存的三大辽代寺院之一。寺院内至今还保留着大量的古代建筑与人文景观，其中，给人们留下深刻印象的是咸丰皇帝为寺院题写的牌匾——报恩院。

当时寺院内保存着大量珍贵的墨宝胜迹，咸丰皇帝见状跃跃欲试，也想将自己的墨宝留在寺院。于是，他大笔一挥，写下了"报恩院"这三个大字，作为牌匾的题字。可是，咸丰皇帝写完就尴尬了，因为他把"院"字少写了一横。在场的人都不敢揭皇帝的短儿，大家只能沉默不语。为了缓解尴尬，咸丰皇帝灵机一动，对大家说道："人这一辈子，要懂得知恩图报，佛家也常说世人要报四重恩：佛恩、父母恩、众生恩与国土恩。这么多的恩情，哪里是一生能报完的？因此，我就特意写了这个少了一横的'院'字，不仅应景，还饱含深意。"众人一听，十分佩服咸丰皇帝的机智。于是，这块缺了一笔的"报恩院"的牌匾，就这样被悬挂在了独乐寺的大门之上，一直用到了今天。这块误打误撞的牌匾，为咸丰皇帝和独乐寺添色不少。若是放到现代，咸丰皇帝肯定是一位当之无愧的处理公关危机的高手。

看一眼必须背会的知识点

常见错别字的类型

一般来说，常见错别字可分为五类：

（1）偏旁致误（比如，"洋溢"写成了"洋隘"）；

（2）笔画致误（比如，"代入"写成了"伐入"）；

（3）音近致误（比如，"高粱"写成了"高梁"）；

（4）形近致误（比如，"肄业"写成了"肆业"）；

（5）义近致误（比如，"戴帽"写成了"带帽"）。

看一眼就要记住的知识点

区分形近字的方法

这里有几种区分形近字的方法。

声旁区别法：声旁是汉字的表音，很多时候，声旁对我们区分、记忆汉字有很大的帮助。比如舱、艇、艘等。

形旁区别法：汉字中许多的形声字有相同的声旁，这时我们就可以根据它们不同的形旁来加以区分、记忆。比如辫、辩、辨等。

造字区别法：在上一节里，我们了解了象形、指事、会意、形声等汉字的造字方法。我们可以根据这几种汉字的造字方法来区分、记忆汉字。比如：区分象形字"瓜"与"爪"，"瓜"中的"厶"像是藏在瓜秧下的瓜；而"爪"，则像手向下的样子。

归类辨异法：在汉字中，有一些汉字形体特别相似，往往只是一笔之别，或是笔画的长短曲直不同。这时，我们就可以将它们归类在一起来进行区分、记忆。比如：戊、戌、戍。

据义区别法：绝大多数汉字都是音、形、义的统一体。我们除了区分它们的音、形以外，还可以根据汉字的意义来加以区别记忆。比如："尘"与"尖"，"尘"是指细小的土；而"尖"则是指上面小、下面大的物体。

语境区别法：除了上面几种区分汉字的方法，我们还可以将汉字放在具体的语境、成语或者熟语搭配中来区分记忆。比如："变换场景"中的"换"，与"变幻莫测"中的"幻"就不是同一个汉字。

典故区别法：这种方法与语境区别法有些类似，它强调的是一些在特定典故中汉字的固定用法，因为典故通常是一些有出处、有来历的故事或者语句。因此，我们要先弄清这些典故的来历，这对我们记忆其中汉字的字形有很大的帮助。比如："世外桃源"出自《桃花源记》，就不能写成"世外桃园"。

看一眼必须收藏的知识点

"编"字的由来

编　　　　　　甲骨文

　　"编"字的甲骨文是一个象形会意字。甲骨文的"编"字，由两个部分组成。它的右边是一条麻花造型的绳子，古人就用这样的麻花造型，代表绳子。它的左边是四条竖线，中间再加一个椭圆形。这又是代表什么意思呢？

　　原来，上古时期，纸还没被发明。人们总是在龟甲或兽骨上刻字，成本非常高。于是，聪明的古人就选用了相对廉价且容易获得的竹子，作为书写的材料。然而，一枚竹片也只能书写一竖行小字，如果要编写一本书，就需要许多的竹片。

　　我们知道竹片一旦多起来，就容易被打乱顺序，即使给这些竹片排上了序号，同样也不便于查阅。这点儿小难题可难不倒聪明的古人。他们用绳子把这些竹片串联成竹简，也就是我们常说的册子。

这就是书籍的原始形态。

因此，甲骨文"编"的左边，就是象征着用绳子系着的一些竹片，代表着竹简的意思。在《说文解字》中，我们可以查阅到："编，次简也。"这句话的意思是："编"字的本义就是用绳子依次串联起竹片，形成竹简。所以，我们可以看出甲骨文中的"编"字，其实就是一个会意字。

看一眼就记得住的语文学习技巧

错别字的五种常见类型	偏旁致误、笔画致误、音近致误、形近致误、义近致误
区分形近字的方法	声旁区别法、形旁区别法、造字区别法、归类辨异法、据义区别法、语境区别法、典故区别法

3 学会词语分类

——纪晓岚是一位精通词语的高手

纪晓岚是清朝时期赫赫有名的大才子，并且深受乾隆皇帝的喜爱，是当时朝廷的重臣。他主持编撰的《四库全书》，使他一跃成为清代文坛上的领军人物。据说，大文豪纪晓岚的一生充满了浪漫趣事，这与他风流不羁的真性情是分不开的。

在一次翰林院同僚王翰林为母亲举办的寿宴之上，纪晓岚与许多宾客一起举杯祝酒、献祝寿词。大家都献上了华美的颂词，但等到纪晓岚提笔时，却让全场的人傻了眼。纪晓岚趁着酒兴，大笔一挥写下了"这个婆娘不是人"这七个大字。现场原本热闹喜庆的氛围立马冷却了下来，许多人以为纪晓岚是喝醉了才写下如此荒唐的话。就在大家都尴尬不语的时候，纪晓岚再次提笔，豪迈地写下了"九天仙女下凡尘"一句。这一番操作，把现场所有的人都逗乐了，人们纷纷对纪晓岚称赞不已。正当大家情绪高涨的时候，纪晓岚却写下了"生个儿子去做贼"这七个字。宴会主人王翰林顿时脸色铁青，所有人又不敢言语了。纪晓岚却不以为意，他不慌不忙地写下了最后一句："偷得蟠桃献母亲。"当纪晓岚放下手中的笔时，现场所有的人拍手叫绝，都被他的才华深深折服。

"这个婆娘不是人，九天仙女下凡尘。生个儿子去做贼，偷得蟠桃献母亲。"这一祝寿词里的第一、第三句，表面看来对王翰林及其母亲十分不尊重，但纪晓岚是大才子，他深谙汉语文化的精髓，更是精通词语的结构、懂得如何正确遣词、懂得如何解释同一词语在不同语境下的不同含义及其感情色彩。于是，他在祝寿词的第二、第四句来了一百八十度的大转弯，借用儿子偷、献蟠桃的比喻，将老寿星比作了九天仙女、王母娘娘，在赞扬老寿星的同时，也赞美了王翰林的孝顺，还让满座宾客的情绪坐上了过山车。

我们汉语中的词语是语言中能够独立运用的最小语言单位，根据其内容形式，我们可以将之分为单纯词与合成词。顾名思义，单纯词就是指由一个语素构成的词，它又包含单音节单纯词和多音节单纯词。合成词则是指两个或者两个以上的语素构成的词。在汉语中，合成词的数量要比单纯词多，它一般分为词根连接词缀构成的合成词、词根相互融合构成的合成词两种。而这两种合成词也含有几种不同类型的分支结构，我们可以通过以下思维导图来分门别类进行记忆。

看一眼就要记住的知识点

词语分类

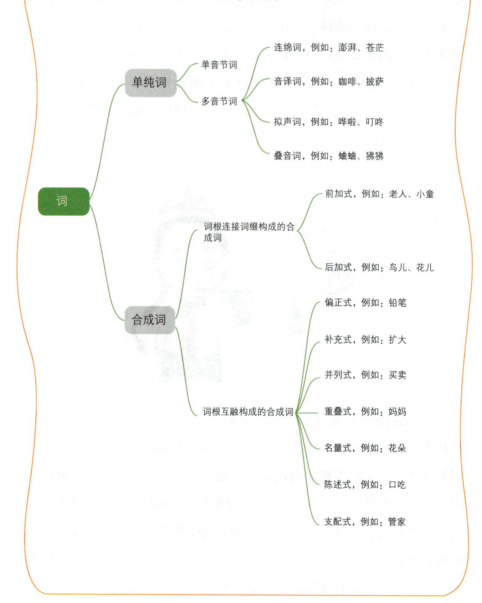

单纯词
- 单音节词
- 多音节词
  - 连绵词，例如：澎湃、苍茫
  - 音译词，例如：咖啡、披萨
  - 拟声词，例如：哗啦、叮咚
  - 叠音词，例如：蛐蛐、狒狒

词

合成词
- 词根连接词缀构成的合成词
  - 前加式，例如：老人、小童
  - 后加式，例如：鸟儿、花儿
- 词根互融构成的合成词
  - 偏正式，例如：铅笔
  - 补充式，例如：扩大
  - 并列式，例如：买卖
  - 重叠式，例如：妈妈
  - 名量式，例如：花朵
  - 陈述式，例如：口吃
  - 支配式，例如：管家

通常，词语带有一定的感情色彩，这些感情色彩附加在词语上，用以表示褒扬、肯定、尊敬、喜爱、厌恶、鄙视、贬低等情感。如果按照词语的感情色彩来分类，词语可以被分为三大类：褒义词、贬义词、中性词。褒义词是指带有赞扬、尊敬、喜爱、肯定等感情色彩的词语。比如：漂亮、美好、智慧等。贬义词是指带有轻蔑、憎恨、厌恶等感情色彩的词语。比如：丑恶、可恨、虚假等。那中性词就是不体现特殊情感倾向的词语，这些词语有时可以用于好的事物，有时也可以用于坏的事物，具体要根据语境来判断。比如：结果、制造、研发等。

通常情况下，词语的褒贬感情色彩在反义词中表现得最为突出，它们往往表示事物发展的两种不同的状态。比如："利索"与"拖拉"，"勇敢"与"胆怯"。当然，在近义词中，除了大多是褒贬感情色彩一致的情况，也有一小部分词语是褒贬感情色彩相反的情况。比如："支持"与"怂恿"，"保护"与"包庇"等。我们需要注意的是：在一些特殊的情况中，为了达到讽刺的效果，我们可以用褒义词来表示贬义，也可以用贬义词来表示褒义，这就是我们通常所说的"正话反说"或者"反话正说"。

在上面的故事中，纪晓岚就是一位玩转词语的高手，他在特殊的语境里，将一些带有贬义色彩的词语反话正说，赋予了它们正向褒奖的意义，最终他不但收获了王翰林的友谊，还让现场所有的人都被他的才华所折服。

看一眼就记得住的语文学习技巧

	褒义词	贬义词	中性词
词语的 感情色彩	词语的褒贬感情色彩在反义词中表现得最为突出		
	一小部分近义词也有褒贬色彩相反的情况		
	褒义词来表示贬义：正话反说	贬义词来表示褒义：反话正说	

4 快速掌握实词与虚词

——王安石怎样遣词造句

《泊船瓜洲》是宋朝时期著名的文学家王安石的代表作。据说，该诗的第三句他最初写的是"春风又到江南岸"，对于句中的"到"字，王安石始终感觉用得不够精妙，于是，他就将它改成了"过"。后来，王安石还是不满意，又尝试了"入"等十多个字。但这些都没有让他感到满意。一天，他在自己家的后花园里闲逛，看见满园生机勃勃的绿植，瞬间来了灵感，直接用了"绿"字，推翻了之前所有尝试过的字。

这里用到的"到""过""入"等字，都是动词，表现出一种春天萌发的景象。而最后选择的"绿"字，则是形容词，在这个特定的语境中意为"使……变绿"，这就在之前的效果上又突出了春风使大地呈现出的一派勃勃生机的景象，从而给诗句赋予了新意，使得整首诗歌别出心裁，成为一篇佳作。

王安石真不愧为著名的文学家，他在诗歌的创作过程中，对字词都是反复推敲，力求传神。那么，我们汉语中的各类词语又有哪些属性呢？其中有很大的学问。

看一眼 YUWEN
就记得住的语文趣读

　　按照语法功能来划分，汉语可以分为实词与虚词。很简单，实词就是表示实在意义的词语；虚词就是没有实在意义的词语。实词往往能充当句子的主语、谓语、宾语，或是主谓宾语的中心；而虚词主要是在句子中配合实词构成句子、表达意义、表达关系等。实词和虚词相辅相成，谁也离不开谁。很凑巧的是，实词和虚词都各有六大类，这样枝繁叶茂的实词和虚词大家族就扛起了整个词类的重任，使得词类的事业欣欣向荣。

实词分类

实词可分为六大类，分别是：名词、动词、形容词、数词、量词、代词。这六类词各有本领，在句子的结构中发挥着重要的作用。

名词：分为普通名词和专有名词，其中普通名词又可以按照表示的对象，如人、具体事物、抽象事物、时间、方位等来分类。名词一般不能用副词进行修饰，不能用肯定或否定的方式来提问。名词一般能用形容词、数量词来修饰，能与介词结合使用，一些表示人称的名词，还可以在后面直接加上"们"字表示复数。名词在句中常作为主语和宾语。

动词：一般根据其表义功用进行分类，如表示动作行为、发展变化、心理活动、存在消失、指令命令、可能意愿、趋向状态、识别判断等。动词在句子常作谓语，能用肯定或否定重叠的方式提问。一些动词能附加"着""了""过"的动态助词来表示时态。

形容词：根据语法功能，可分为性质形容词和状态形容词。形容词在句中常作谓语、定语、状语和补语。它一般能用肯定、否定重叠的方式进行提问，多数能用程度副词来进行修饰。

数词：有表示概数、确数、序数的数词。数词一般可以与量词结合使用。

量词：分为物量词和动量词。其中，物量词通常在名词前作为定语，在动词后作为宾语；动量词在动词后作为补语。单音节

的量词大多可以重叠使用，表示"多"或者"每一"的意思。

代词：有表示人称、疑问、指示的代词。这相对来说比较简单，大家需要注意远指代词、近指代词、人称代词的用法即可。

看一眼必须收藏的知识点

虚词分类

说完实词，我们再来看看虚词。虚词可分为副词、介词、连词、助词、叹词、拟声词六大类。

副词：一般用来修饰动词、形容词，可以表示时间、范围、程度、语气、频率等。它一般在句子中可以作为状语或补语来使用。一些副词还有关联的作用。副词中除了"不""当然""没有"外，一般不能单独用来回答问题。

介词：一般是用在名词、代词或名词性短语前面，与其一同表示动作、行为方向、时间、处所、对象等。介词不能单独使用，它在句子里不能成为谓语中心，也不能加"着""了""过"等助词或"上""下""去"等表示趋向的动词。

连词：用来连接词、短语、句子。它不能单独作为句子成分，只有连接作用，没有修饰作用。

助词：附于词、短语、句子前后，表示某种附加意义。其中，"的""地"可以承接前后词语，前面的词语主要是对后面词语起到修饰、限制的作用；"得"则主要是用在动词、形容词之后，对后面的词语起到补充说明的作用。

叹词：表示感叹、应答、呼唤的词语。与其他虚词不同的是，叹词是可以单独使用的，它不用与其他词语发生组合关系，往往一个叹词就是一个句子，所以说叹词是虚词中特殊的存在。

拟声词：顾名思义，就是模拟事物声音的词语。它可以修饰名词、动词，作为句子的成分。但是也有一小部分拟声词可以单独成为句子。

相信了解完上述实词和虚词的大家族后，我们日后对词语的使用也能做到胸有成竹了。

看一眼就记得住的语文学习技巧

词语	实词挑大梁	名词	动词	形容词	数词	量词	代词
	虚词做副手	副词	介词	连词	助词	叹词	拟声词

5 除了成语以外熟语还包括哪些? 先看刎颈之交的忠诚

　　"刎颈之交"一词源自战国时期的一个典故。蔺相如和廉颇当时都是赵国的重臣。他俩一个为文官,足智多谋;一个为武官,骁勇善战,两人都是国家的栋梁之材。蔺相如因"完璧归赵",为赵惠文王争回了颜面。于是,他从一位下臣的门客被提拔为上卿大夫,在朝中的地位一下子就高过了廉颇。廉颇对此特别不服气,越看蔺相如越不顺眼,总想着要给蔺相如一点儿颜色瞧瞧。

　　蔺相如从他人口中得知廉颇有意为难他后,就处处躲避着廉颇,不愿意与他正面相遇,看见廉颇时也会绕道而行。蔺相如身边的人都非常生气,一些人甚至还埋怨蔺相如,说他不应该这么害怕廉颇,有损自己的形象。然而,蔺相如不仅没有生气,还耐心地解释道:"秦国是强国而且有心吞并列国,目前,秦国之所以不敢轻易攻打赵国,是因为赵国武有廉颇,文有我蔺相如。倘若我俩为了私人恩怨弃国家的利益不顾而大打出手,那岂不是便宜了秦国,让秦国坐收渔翁之利吗?"身边的人都对蔺相如的胸襟与远见钦佩不已。

不久后，蔺相如的话传到了廉颇的耳里，廉颇深感惭愧。他立马脱去上衣，背着一根荆条，来到蔺相如的家中，向蔺相如跪地请罪。蔺相如立刻原谅了廉颇，并且以诚相待。从此以后，这二人就变成了生死之交。后来的史学家记录此事的时候，就用了"刎颈之交"来形容两人同生共死的友情。

从这个故事引申出来的"刎颈之交"一词，属于熟语中的成语。熟语是指语言中比较固定的词组或者句子。而成语就是指人们长期以来习用的、简洁精练的、意思精辟的定型词组或者短语，大多数是由四个字组成的。从上面的故事我们可以看出，成语可以源于历史事件或者故事。当然，成语也可以源于古代神话传说、寓言、名著佳句，群众的口语、谚语，有些成语甚至还源于外国文化。因此，成语短短的几个字，可能就是一个精彩故事的凝练总结，它具有一定的历史性，结构上也相对比较固定。我们在理解成语时，要从成语的整体意义入手。

那成语就只有一种类型吗？其实不然，这里面大有学问，按照成分关系的不同，成语被分为了十类：并列关系，如沾亲带故；目的关系，如杀鸡儆猴；承接关系，如先斩后奏；因果关系，如水滴石穿；主谓关系，如唇齿相依；动补关系，如重如泰山；动宾关系，如颠倒黑白；偏正关系，如多事之秋；连动关系，如一见钟情；兼语关系，如引蛇出洞。

看一眼必须背会的知识点

除了成语以外，熟语还包括哪些？

我们知道，成语是熟语常见的一种形式，除了成语以外，熟语还包括哪些呢？可能大多数的同学都可以说出谚语、格言、歇后语。是的，这三种也是熟语，此外，大家容易忽略的惯用语也是熟语。这几种熟语各有特色。

惯用语就是我们口头上常用的习惯性用语。惯用语具有幽默、风趣、生动等特点，是人民群众在长期的劳动生活中总结创造出来的较为固定的词语，常用来比喻一种事物或行为，具有很强的口语色彩。在使用时，要在辨析其意义的同时，弄清其感情色彩，注意使用的对象和场合。

谚语是指一些流传于民间的通俗又含义深刻的固定语句。它一般能揭示某种客观规律或者反映某种事理，启发人们从中受益。谚语通俗易懂，读起来音节匀称，结构相对整齐。

与谚语相比，格言多出自名人，是一些简练又含义深刻，对群众具有教育意义，并流传于民众之间的警世名言。如果说谚语的口语色彩比较鲜明的话，那格言就是书面色彩十分浓厚，也更加意味深长。

歇后语就有点类似于猜谜游戏，它是由类似于谜面、谜底两部分组成的带有隐语性质的口头性语句。它的内容大多是民众喜闻乐见的，同时也浅显易懂，地方色彩十分鲜明，生活气息非常浓厚。

了解了熟语的这五种类型，以后我们就可以根据具体的语境，来选择适合的熟语。其中的成语是汉语文化中的瑰宝，学习和熟练运用成语，不仅可以美化我们的文章，而且还能增长我们的文化知识。

看一眼就记得住的语文学习技巧

熟语	谚语	格言	歇后语	惯用语	成语
	成语的成分关系最为复杂，一共有十种： 并列关系、目的关系、承接关系、因果关系、主谓关系、动补关系、动宾关系、偏正关系、连动关系、兼语关系				

6

如何成为造句高手？学习乔布斯用一句话铸就英雄梦

　　乔布斯是享誉世界的超级富豪。当年，他创办的苹果公司还只是一个不起眼的小公司时，百事可乐早已是全球知名的跨国企业。当时百事可乐的总裁是约翰·斯卡利，他是一位非常有名的商界奇才，有着超出常人的经营能力。这一点非常吸引乔布斯，当然也十分吸引其他五百强企业的负责人，大家都想方设法地去挖百事可乐的墙脚，让约翰·斯卡利到自己的团队中挑大梁。可是，当时的约翰·斯卡利在百事可乐工作得顺风顺水，所以无论其他企业抛出什么样的橄榄枝，约翰·斯卡利都无动于衷。谁知，乔布斯仅用一句话就轻松挖

走了约翰·斯卡利，并且这句话还成了美国当年最强的广告金句。你们知道当年乔布斯是怎么说的吗？

当乔布斯与约翰·斯卡利面谈时，面对坚定的约翰·斯卡利，乔布斯并没有放弃，而是耐心又温和地对着约翰·斯卡利说了一句："你是想一辈子卖饮料，还是想跟着我们一起改变世界？"这句话一下子击中了约翰·斯卡利的内心，在选择的天平上，一边是卖饮料，一边是改变世界，这句话直接改变了约翰·斯卡利之前的职业规划，重新给他描绘了更大的蓝图。毫无疑问，约翰·斯卡利心动了，他放弃了原有的工作，加入了乔布斯的团队。从此以后，有了约翰·斯卡利的协助，乔布斯如虎添翼，事业蒸蒸日上。

"你是想一辈子卖饮料，还是想跟着我们一起改变世界？"这句话其实是善于洞察人心的乔布斯给约翰·斯卡利构建的蓝图。我们不难看出，这句话选用了"是……还是……"的固定关联搭配，是一种选择复句，表示有两种情况以供取舍。与此类似的还有"要么……要么……""不是……就是……""或是……或是……"等。

看一眼必须收藏的知识点

复句的含义及分类

复句是相对于单句而言的。单句，就是只有一套主干成分的句子。复句则是由两个或两个以上意义有关联、结构互不包含的单句组成的句子。故事中提到的选择复句，只是复句中的一种类型。除此以外，复句还有并列复句（分句讲述了几件事情或者说明相关的

几种情况），递进复句（后分句表示的意思比前分句更进一层），承接复句（分句间有一定排序的承接，并且顺序不能互换），因果复句（前后分句是因果关系，通常是后分句推出结论），假设复句（前分句提出假设，后分句说明产生的结果），转折复句（前后句的意思相反或者相对）。

看一眼就要记住的知识点

两种常见的语义病句类型

我们的语句也会生病，凡是违反客观规律或者违反语法规律的句子，都是病句。其中，违反客观规律的病句，被称为语义病句；违反语法规律的病句，被称为语法病句。常见的语义病句有表意不明和不合逻辑两种类型。

表意不明的语义病句：有的是指语句的意思混乱，让读者不知所云；有的是指语句中的指代不明或者对象不明确，使读者容易产生误解；也有的是指语句出现了多种歧义的现象，表意不明确。例如，"五个亚洲国家的运动员，取得了优异的成绩"中的前半句"五个亚洲国家的运动员"就没有明确指出是来自五个亚洲国家的运动员？还是五个亚洲国家籍的运动员？

不合逻辑的语义病句：有些是前后自相矛盾；有些是偷换概念；有些是否定不当；有些是因果关系不成立。例如，"他特别懂事聪明，没有一个人不否认他是一个好孩子。"这个例句就犯了否定不当的错误，正确的修改方式是将"不否认"中的"不"字去除。

六种常见的语法病句类型

常见的语法病句有语法结构混乱、用词不当、语序不当、搭配不当、语法成分缺失、语法成分赘述这六种形式。

语法结构混乱：通常是指复句中的分句主语被换掉，或者两种句式混用，造成句式的杂糅。例如，"王老师用自己的一席话深深打动了同学们的心，久久无法平静。"其中"久久无法平静"的主语应该是同学们的心，而不是王老师。因此，我们应该将句子修改为"王老师用自己的一席话深深打动了同学们的心，同学们的心久久无法平静。"

用词不当：通常是指句中所用词语的语义、大小、轻重、褒贬、使用对象等不恰当。例如，"小陈通过自己的刻苦练习，终于取得了优异的体育成就。"句中的"成就"明显词义过重，并且与"优异的"词义重复了，因此，这里的"成就"应该改为"成绩"。

语序不当：是指句中的多项定语、状语的排序不当，或者并列短语的排序不当，或者分句的顺序不当，或者主语和宾语的位置颠倒等。例如，"我一边嚼着口香糖，一边观看电影。"这个例句是分句顺序不当，我们应该把较为重要的看电影的事情写在前面，把嚼口香糖的次要事情放在其后。

搭配不当：是指句中主语与谓语、谓语与宾语、主语与宾语、关联词之间、定状补语与中心语等搭配不当。例如，"冬天的深圳是一个温暖的季节。"句中的主语是深圳，但宾语是季节，我们不

能说深圳是一个季节。因此，我们应该将句子修改为"深圳的冬天是一个温暖的季节。"

语法成分缺失：是指句中的主语、谓语、宾语、关联词、定语、状语等的不完整。例如，"我们坚持学习的决心。"这个例句缺少了谓语，应该改为"我们有坚持学习的决心。"

语法成分赘述：通常是指句中主语、谓语、宾语、定语、状语、补语、虚词等出现多余的情况。例如，"这里每年大约有十个左右的学生考上清华大学。"例句中的"大约"与"左右"的意思重复了，因此，我们需要去掉"大约"或者"左右"，二者取其一即可。

看一眼就记得住的语文学习技巧

	错误的说法	正确的说法
常见的病句用语	本着……为原则	以……为原则 / 本着……的原则
	由于……的结果	由于…… / ……的结果
	原因是……造成的……	原因是…… / ……造成的
	围绕……为中心	以……为中心 / 围绕……
	包括……组成	包括…… / 由……组成
	涉及到……	去掉"到"
	大约……左右	大约…… / ……左右
	大多以……为主	大多是…… / 以……为主
	包括……组成	包括…… / 由……组成
	深受……所欢迎	深受……欢迎

第二章

怎样做到慧心妙舌

——语言的基础知识要扎实

1 不会使用儿化音，一招就 "逼疯" 老北京人

如果说平舌、翘舌是南方人发音的短板，那么，儿化音就可以说是老北京人的软肋。倘若一个人在不恰当的地方乱用儿化音，这简直就可以"逼疯"一个老北京人。儿化音在老北京人的眼中可不是随意添加的尾音。许多语句加上儿化音与不加儿化音，其意义有天壤之别。比如："清早，我去跑步了"，不能说成"清早儿，我去跑步了"。因为"清早儿"的发音，在老北京人听来就是指"青枣儿"的意思。再如："电脑正在下载"，不能说成"电脑正在下载儿"。因为"下载儿"会让老北京人以为是"下崽儿"的意思。电脑都会下崽儿了，这肯定会让老北京人匪夷所思的。

此外，还有一些词语，也不能随意地添加儿化音。比如清朝时期皇帝的女儿被称为格格，这"格格"就不能随意加上儿化音，因为"格格儿"大多是指纸上画的方格子。而口语中的"头儿"很多时候是顶头上司的意思，这与"头"（脑袋）的意思也不同。因此，我们要牢牢掌握儿化音的正确用法，否则，不仅会"逼疯"老北京人，而且也会给我们的社交带来麻烦，不利于我们与他人进行有效沟通。

　　既然儿化音有这么多的坑，我们是不是就不要去触碰它为好呢？当然不是，儿化音也被称为儿化韵，它是卷舌元音"er"附加在一个音节的韵母之后，使其韵母发生卷舌音变的一种现象。正确使用儿化音，会使语言更通俗、生动，富有表现力。

儿化音的使用

　　（1）儿化音在词语或者语句中，可以表示轻松、喜悦、亲和、喜爱的感情色彩。

　　例如：宝儿、小猪儿、男孩儿、球儿、风儿、娃儿、碗儿、笔儿、包儿、脸蛋儿。

　　能和小伙伴们一起去秋游，她的脸上都笑出了花儿。

脸 蛋 儿

　　（2）儿化音可以帮助我们区分词语的词性。

　　例如：把（有量词、名词、动词、形容词等词性）——把儿（名词）；品（有名词、动词等词性）——品儿（名词）。

（3）儿化音可以帮助我们区分词语的词义。

例如：尖（锐利）——尖儿（出类拔萃的）；口（嘴巴）——口儿（缝隙）。

看一眼必须背会的知识点

儿化音的正确发音方式

在我们的日常生活中，当一些词语音节的韵腹或者韵尾是a、o、e、u的情况时，原来的韵母不用去改变，只需要在原有的韵母后面加上"r"的卷舌动作。例如：火车儿、包儿、页码儿。

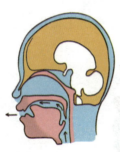

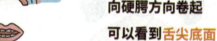

发音过程（建议对着镜子观察）

🔊：再做卷舌

向硬腭方向卷起
可以看到舌尖底面

当一些词语音节的韵母为i、ü的时候，儿化音只需要在原有的韵母之后直接加上"er"。例如：氢气儿、曲儿、有趣儿。

当词语音节的韵尾为i、n（除了in、ün）的时候，儿化音后会丢掉韵尾，再加上卷舌的动作"r"。有的还需要改变韵腹或增音。例如：酒馆儿、牛背儿、娟儿。

当词语音节的韵尾 ng 被儿化时，我们需要去掉原有的韵尾后，将韵腹变成鼻化元音，同时加卷舌动作"r"。例如：抽空儿、蛋黄儿。

当词语音节的韵尾 in、ün 被儿化时，我们就需要去掉"n"，再加上"er"。例如：短裙儿、使劲儿。

懂得这些儿化音的发音方式后，相信大家再也不用担心与老北京人的沟通出现障碍了。这里我们需要注意的是：以上的拼音写法都是根据儿化音的实际发音方式来书写的，并非拼写规则。儿化韵的正确书写方式是比较统一的，直接在原有的音节之后加上"r"即可。

看一眼就记得住的语文学习技巧

儿化音的三种作用	表达情感	区分词性	区分词义

2 "谐音梗"不是无中生有，音变门道要摸清

　　"谐音梗"在我们日常生活中经常以笑话的形式出现，它是指某些特殊的字词在同音或者近音的条件下，用同音或者近音的字词来替代，产生某种特殊含义的效果。"谐音梗"不仅存在于我们当今社会，就算在我国古代，谐音的故事也不胜枚举。

　　五代十国时期，吴越王钱镠（liú）有一座被命名为"握发殿"的宫殿。这座宫殿当时坐落于吴越国的都城临安，也就是今天的浙江省杭州市，自然风光十分优美。钱镠希望自己勤勉为政，成为一代贤君，于是，他根据商周时期周公"一沐三握发"的典故，将自己的宫殿命名为"握发殿"。但底层老百姓大多数没什么文化，更不懂周公"一沐三握发"的典故，只能根据宫殿名称来加以判断。由于当地方言发音的原因，百姓们把"握发殿"，说成了"恶发殿"。仅仅一字之别，其意义就相差甚远了。"恶发"是当地的一个口语词汇，意为"生气，发怒"。老百姓们据此将这座宫殿理解成钱镠发怒时下旨修建的宫殿，硬生生地把"握发殿"变成了"恶发殿"。钱镠也因此背上了暴脾气君王的恶名，这与他本人的初衷

截然相反。

这样的故事还有许多。"酆（fēng）都鬼城"名字的由来，同样也是一个"谐音梗"。"酆都鬼城"坐落于重庆市酆都（今作"丰都"）县城北隅的酆（丰）都山。相传我国汉朝时期，阴长生、王方平二人曾先后在这座山上修炼成仙。人们为了纪念两位仙人，就在酆都山上建造了一座"阴王庙"。这名字中的"阴王"二字，其实只是两位仙人姓氏的合称。但百姓不了解其中的含义，把"阴王"二字理解为"阴间之王"，即"冥王"。这座"阴王庙"也从纪念两位仙人的庙宇变成了"阎罗天子祠"。从此，酆都城便成了"鬼城"的代名词，也就是民间传说中的"阴曹地府"。

"谐音梗"给我们的生活带来了许多的乐趣，同时，从"谐音梗"中，我们也可以看出一部分音变的现象。

看一眼就要记住的知识点

什么是音变？

音变，顾名思义就是语音发生变化的现象。这种现象在普通话中经常出现，是由于在我们连续说话时，部分音节和声调遇到其他的音节和声调造成的互相影响。

什么是轻声？

轻声是一种在我们连续说话时产生的音变现象，它是指一些音节在某些特殊搭配的词语或者语法句子里失去原有的声调，变成轻而短的调子。当我们书写这些轻声音节时，就不需要再标出原有的声调。

轻声的读法与语法、词汇有密切的关系，常见的应读轻声的词语有以下几种类型。

（1）一些叠词的后面一个音节。

例如：爸爸、奶奶、妈妈、想想、练练、跳跳

（2）"子、们、头"等一些后缀词语。

例如：爪子、脑子、我们、他们、石头

（3）"吧、啊、呢、嘛、吗"等语气助词。

例如：走吧、跑啊、看呢、是嘛、开始吧、行啊、可以吗

（4）"的、地、得、着、了、过"等助词。

例如：快乐的、开心的、欢快地、走了、做过、吃饭吧、知道了

（5）一些量词。

例如：五个

（6）一些常用的双音节词，通常第二个音节需要读轻声。

例如：牡丹、蘑菇、答应、朋友

（7）一些在名词或者代词后面表示方位的词语。

例如：腿上、心上、后边、左边

（8）一些特殊词语中的第二个字需要读轻声。

例如：糊里糊涂、酸了吧唧

看一眼必须背会的知识点

汉字误读的类型

（1）方言中的误读。在日常生活中，经常会出现方言和普通话混合误读的情况。

例如：肉类 ròu（√）yòu（×）

是吗 shì（√）sì（×）

质量 zhì（√）zhǐ（×）

（2）多音字的误读。当同一个汉字在不同语境表达不同词义的时候，读音特别容易混淆，需要特别注意。

例如：校对 jiào（√）xiào（×）

提防 dī（√）tí（×）

刹那 chà（√）shà（×）

还钱 huán（√）hái（×）

（3）形近字的误读。许多的汉字，字形非常相似，也会导致误读的现象发生。

例如：粗犷 guǎng（√）kuǎng（×）

如火如荼 tú（√）chá（×）

炙烤 zhì（√）jiǔ（×）

（4）形声字的误读。一些形声字在汉字长期的演变过程中，字音已经发生了变化，因此我们不能将所有的形声字都根据其声旁来判断其读音。

例如：酗酒 xù（√）xiōng（×）

垂涎 xián（√）yán（×）

炽热 chì（√）zhì（×）

（5）习惯性的误读。一些汉字在日常的使用中，其读音并不一定准确，这就需要我们仔细分辨了。

例如：翘首 qiáo（√）qiào（×）

惬意 qiè（√）xiá（×）

包庇 bì（√）pì（×）

看一眼就记得住的语文学习技巧

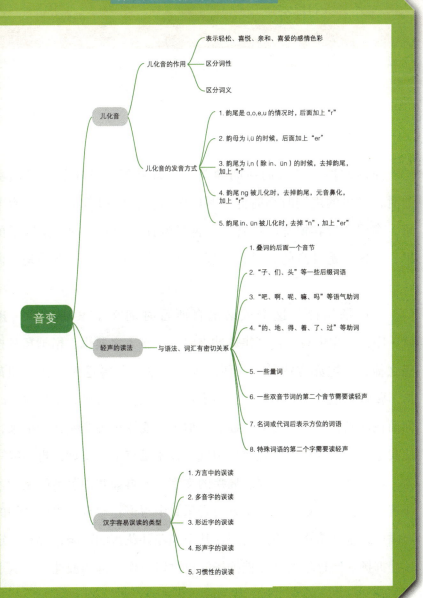

- 音变
  - 儿化音
    - 儿化音的作用
      - 表示轻松、喜悦、亲和、喜爱的感情色彩
      - 区分词性
      - 区分词义
    - 儿化音的发音方式
      - 1. 韵尾是 a,o,e,u 的情况时，后面加上 "r"
      - 2. 韵母为 i,ü 的时候，后面加上 "er"
      - 3. 韵尾为 i,n（除 in、ün）的时候，去掉韵尾，加上 "r"
      - 4. 韵尾 ng 被儿化时，去掉韵尾，元音鼻化，加上 "r"
      - 5. 韵尾 in、ün 被儿化时，去掉 "n"，加上 "er"
  - 轻声的读法
    - 与语法、词汇有密切关系
      - 1. 叠词的后面一个音节
      - 2. "子、们、头" 等一些后缀词语
      - 3. "吧、啊、呢、嘛、吗" 等语气助词
      - 4. "的、地、得、着、了、过" 等助词
      - 5. 一些量词
      - 6. 一些双音节词的第二个音节需要读轻声
      - 7. 名词或代词后表示方位的词语
      - 8. 特殊词语的第二个字需要读轻声
  - 汉字容易误读的类型
    - 1. 方言中的误读
    - 2. 多音字的误读
    - 3. 形近字的误读
    - 4. 形声字的误读
    - 5. 习惯性的误读

3 抑扬顿挫诵美文，读音规则有讲究

　　抑扬顿挫是指人们在朗诵美文、诗歌等文学作品或者演奏乐曲时，发出的声调时高时低、时停时折，音律和谐美好且富有节奏感，多用来形容悦耳的声音。"抑扬顿挫"中的"抑"是降低的意思；"扬"是升高的意思；"顿"是指停顿；"挫"指的是声调的转折。

　　"抑扬顿挫"这个成语出自西晋时期文学家陆机的《遂志赋·序》，文中写道："崔蔡冲虚温敏，雅人之属也。衍抑扬顿挫，怨之徒也。岂亦穷达异事，而声为情变乎。"鲁迅先生在《朝花夕拾·藤野先生》一文中也曾经写道："每当夜晚疲倦，正想偷懒时，仰面在灯光中瞥见他黑瘦的面貌，似乎正要说出抑扬顿挫的话来，便使我忽又良心发现，而且增加勇气了，于是点上一支烟，再继续写些为'正人君子'之流所深恶痛疾的文字。"再如我国著名的文学家郭沫若先生在《天地玄黄·诗歌与音乐》中写道："自然界中一切的风声雨声，水声涛声，兽声鸟声，甚至如花开花落的声响，都有一定的顿挫抑扬。"这里的"顿挫抑扬"也可以写作"抑扬顿挫"。从上述例子我们可以看出，"抑扬顿挫"一词通常是用来形容歌声、语气、语调等，但不能用来形容一篇文章情节的跌宕起伏。

那么，在我国朗诵的传统文化中，有哪些朗诵的技巧，可以帮助我们正确朗诵，从而达到抑扬顿挫的艺术效果呢？

语 速

语速对文章情感的表达起着重要的作用，它会根据文章情感的变化而变化。通常情况下，我们在平静客观叙述时，会采用中速；在表达兴奋欢快的情绪时，语速会快一些；在表达压抑悲哀的情绪时，语速则会相对慢一些。

看一眼必须收藏的知识点

停　连

　　顾名思义，停连是指我们在朗读时语流里声音的中断与延续。其中，"停"的意思即停顿、中断；"连"就是连接、延续的意思。

　　我们用符号"|""∧"来表示停顿，用符号"⌒"来表示连接。为了表达的需要，停顿与连接也不仅限于在标点处使用。有时，在句子居中的地方也会有些小的停顿；有时，就算有标点的地方，也有一口气顺畅通读的情况出现。这些都是根据文章所表达的思想感情的发展变化来作出的调整。

看一眼就要记住的知识点

停连的作用

　　（1）停连方便朗读者调整气息。我们无法一口气将整篇文章读完，停连方便读者轻松阅读，也方便听者轻松获取文章的信息。

　　（2）停连使得文章更有张力，能清晰表现出文章的脉络，准确、形象地传达出文章内容的含义。

　　（3）停连可以有效地控制语速，并且能突出重点、调节文章句子的节奏，产生抑扬顿挫的美感。

看一眼**必须背会的知识点**

停顿的两种方式

（1）扬停：是我们在阅读时，停顿时间相对较短的一种方式。这种方式重点在于"扬"。我们的声音停止了，气却没有断，给人一种意犹未尽的感觉。停顿前的声音会稍稍往上扬或者平延；停顿后的声音有时会突起、有时会缓起，多用于文章中间需要停顿的地方，暗示听者还有下文。

（2）落停：与扬停相反的一种方式，停顿的时间相对较长，重点在于"落"。声音顺着声势而落，声止而气尽，多用于读完整篇文章之后，暗示听者文章意思的完结。通常使用句号、叹号、问号等标点符号来表示。

看一眼**就要记住的知识点**

连接的两种方式

（1）曲连：常与上面讲述的落停结合在一起使用。多使用于文章中既要有连接，又要有所区分的地方，每个连接处都有一些空隙，但又要环环相扣，迂回前行。因此，用"曲"字形象表示其含义。

（2）直连：顾名思义，朗读时顺势而下、连接自然、不露出连接痕迹。它多与扬停结合在一起使用，多用于文章内容密集、需要连续抒发情感之处，重点在于一个"直"字。

看一眼就要记住的知识点

重 音

　　重音：我们在朗读时，为了传达文章思想感情的变化，需要对句子中的一些有着特定含义的词汇或者短语用重读的方式来加以强调。重音的表示符号为"．"，直接标于词汇或者短语的下方。

看一眼必须收藏的知识点

重音的分类

　　（1）词汇重音：重读词汇中那些具有重要含义的音节。通常是词语中那些偏重阐明属性的音节需要重读。例如：杯子、被子、书包、荷花、无偿、女生、可爱、孩子、财物、蓝天、白云、美女、无限、丈夫、橙子、鸟儿、铅笔、男人、木头、桃花、衣服、黑色、栀子花

　　（2）语句重音：是指那些在语句中具有重要意义的词语的重读。这里又包含两种重读的不同方式。

　　逻辑重音：即根据句子逻辑重读需要强调或者突出的词语。

　　语法重音：这是一种根据语法结构特点来重读的方式，往往是为了突出句子中所强调的具有一定意义的语法词语。比如重读谓语动词、重读疑问代词或指示代词、重读表示状态和程度的定语或状

语、重读比喻句中的喻体名词等。

①重读谓语动词：

我的奶奶又熬过了一个冬天。

爸爸妈妈都上班去了。

今天的课堂上，小民突然跳了起来。

挂了电话后，他又出门了。

她终于战胜了对手，赢得了冠军。

②重读疑问代词、指示代词：

这个碗是谁摔碎的？

那就是我哥哥最喜爱读的书。

这东西是谁拿回来的？

他疑惑地问道："哪个张敏？"

听，那是一首多么美妙的歌曲啊！

③重读表示状态和程度的定语或状语：

她粉嘟嘟的脸上露出了喜悦的神情。

少女像一个青涩的青苹果，羞答答地低下了头。

让暴风雨来得更猛烈些吧！

他的神来之笔，将画作的美感表现到了极致。

一个冷笑话令他笑得前仰后合。

看一眼就要记住的知识点

常见的朗读符号

常见朗读符号	停连	"｜"表示一般的短停顿
		"∧"表示句群之间的停顿，或者长停顿
		"⌢"是连接号，表示连起来朗读，特殊情况可忽略标点
	重音	"。"表示轻读（空心的小圆点）
		"．"表示重读（实心的小圆点）
		"。。。。"表示连续轻读
		"...."表示连续重读
		"——"表示尾音拉长
	语调	"↗"表示升调
		"↘"表示降调
		"<"表示渐强
		">"表示渐弱
		"△"表示韵脚

看一眼就记得住的语文学习技巧

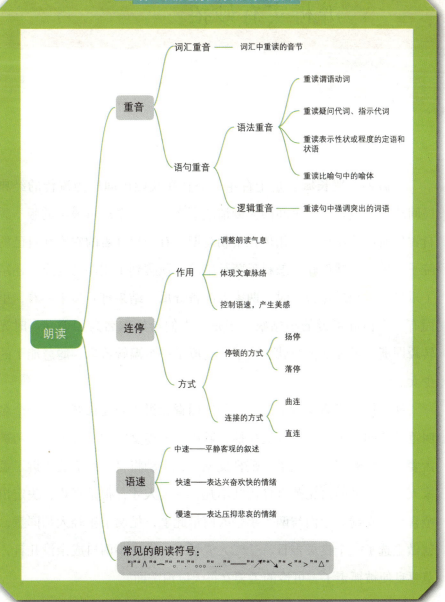

重音
- 词汇重音 —— 词汇中重读的音节
- 语句重音
  - 语法重音
    - 重读谓语动词
    - 重读疑问代词、指示代词
    - 重读表示性状或程度的定语和状语
    - 重读比喻句中的喻体
  - 逻辑重音 —— 重读句中强调突出的词语

连停
- 作用
  - 调整朗读气息
  - 体现文章脉络
  - 控制语速，产生美感
- 方式
  - 停顿的方式
    - 扬停
    - 落停
  - 连接的方式
    - 曲连
    - 直连

朗读

语速
- 中速——平静客观的叙述
- 快速——表达兴奋欢快的情绪
- 慢速——表达压抑悲哀的情绪

常见的朗读符号：
"•|"△"^"•"△"■•…"○○○"■•…"——"♪"◢"<"◥">"△"

051

4 多音字对联独具匠心，读音辨析实有妙招

　　《孟姜女哭长城》是千百年来一直在我国民间广为流传的经典民间故事，也是中国民间四大爱情故事之一。这个故事最早的版本源自古代典籍《左传》。相传在秦朝时期，有一户姓孟的农家在自己的院子里种了一棵瓜藤，怎料瓜藤长出的瓜秧爬到了相邻的姜家，还结了瓜果。等到瓜熟蒂落时，两家人准备分瓜，结果打开瓜果一看，里面有一个白胖可爱的小姑娘。于是，人们给她取名为孟姜女。时光转瞬即逝，孟姜女很快就长大了，变成了一个温婉善良、聪慧能干的少女。

　　那时候，正值秦始皇下令全国抓捕青壮男子修建长城。有一个名叫范喜良的书生，为了躲避抓捕，躲进了孟姜女家的后院里，正巧被孟姜女和她的家人发现了。范喜良见状，主动将自己的遭遇告诉了孟家人。孟家老两口见范喜良谈吐不凡，一表人才，很是喜欢，决定招范喜良为女婿。他们与两个年轻人商量此事，见两个年轻人都同意，就做主选了一个良辰吉日，让二人成了亲。谁知小两口成亲没几日，范喜良便被抓走了。可怜的孟姜女每天以泪洗面。

时间很快便过了一年，孟姜女辞别了二老，独自翻山越岭，亲自去长城寻找自己的丈夫。可等到孟姜女到了山海关时，她才发现范喜良早在一个月前就累死了，被埋在长城下面。孟姜女痛哭起来，忽然间天色大变，伴随着天崩地裂似的一声巨响，长城坍塌了一大块，露出了许多尸首。孟姜女认出了丈夫破烂的衣衫，找到了丈夫的尸骨。后来，秦始皇听说孟姜女哭倒长城的事情，还面见了孟姜女，并且想娶她为妃。孟姜女当场向秦始皇提出了三个条件：一、让秦始皇为范喜良立碑修坟；二、让秦始皇为范喜良披麻戴孝，哭丧送葬；三、让秦始皇与她同游三天大海。秦始皇都一一答应。最后，孟姜女在与秦始皇同游时，纵身跳进大海，被老龙王救至龙宫。

这就是孟姜女的传说，人们为了纪念孟姜女，就在山海关那里修建了一座纪念孟姜女的庙宇。这座庙宇正殿大门的两侧，还贴着一副奇特有趣的对联。对联写道："海水朝朝朝朝朝朝朝落；浮云长长长长长长长消。"许多人见了这副对联都是一头雾水，不知怎么读，更不懂它的意思。这其实是一副多音字对联，对联中的"朝"有两个读音。一种是读zhāo，意为早晨；一种是读cháo，与"潮"谐音。对联中的"长"也有两种读音。当它读cháng时，与"常"谐音，意为"经常、不断"；当它读zhǎng时，意为"增加"。

因此，这副对联的正确读法就是：

海（hǎi）水（shuǐ）朝（cháo），朝（zhāo）朝（zhāo）朝（cháo），朝（zhāo）朝（cháo）朝（zhāo）落（luò）；

浮（fú）云（yún）长（zhǎng），长（cháng）长（cháng）长（zhǎng），长（cháng）长（zhǎng）长（cháng）消（xiāo）。

全联的意思是：海水涨潮，天天早上涨潮，天天涨潮天天落潮；

浮云弥漫，常常到处弥漫，常常弥漫常常消退。

类似这种多音字的对联还有许多，这些对联都是我国优秀的文化遗产。

普通话与语音的概念

普通话是我国以北方话为基础方言、以北京语音为标准音、以典范的现代白话文著作为语法规范的现代汉民族共同语。

语音是我们人类发音器官发出的能够表达一定含义的声音。它是声音与意义的结合体，是我们语言交际的声音方式，是最小的语言片段。并且每个音节都有自己的声调，我们可以根据声调来区分词意。

看一眼**必须背会的知识点**

音节的概念

音节是我们从听觉上能够分辨出来的最小的语音单位。一个音节一般是由声母、韵母和声调组成。在汉语中，一个汉字通常表示一个音节，但喜欢附加儿化音的汉字除外，儿化音中的两个汉字需要读成一个音节，比如"风儿"的读音是"fēngr"。

在对韵尾音素为 n 的韵母做儿化音的处理时，因为这时 n 的发音有些妨碍我们的卷舌动作，所以韵尾的 n 音不发音，我们要在主要元音的基础上进行卷舌。原来我们的舌位在前的主要元音，儿化后其音的舌位就要向后移。比如"点儿"的读音是"diǎnr"；"圈儿"的读音是"quānr"。儿化音会使语气显得比较生动，不生硬。

看一眼必须收藏的知识点

音素的概念

音素是构成音节的最小单位。我们汉语的音素一共有 32 个，其中包括 10 个元音、22 个辅音。一个音节，少的只有 1 个音素，多的可以包含 4 个音素。

元音，是指在发音过程中气流通过口腔不受阻碍发出的音。在元音这个"家庭"中，又有 10 个元音"子女"，分别是：a、o、e、

ê、i、u、ü、-i（前i）、-i（后i）、er。

　　辅音，是指在发音时气流受到阻碍而不响亮的音。在辅音这个"家庭"中，也有22个辅音"子女"，它们分别是：b、p、m、f、z、c、s、d、t、n、l、zh、ch、sh、r、j、q、x、g、k、h、ng。

看一眼就要记住的知识点

标注声调口诀

ɑ 母出现不放过，

没有 ɑ 母找 o、e;

u 并列标在后，

单个韵母头上搁。

看一眼就记得住的语文学习技巧

汉语普通话

语音 —— ● 声音与意义的结合体

音节 —— ● 由声母、韵母和声调组成 —— 最少一个音素 / 最多四个音素

音素 —— ● 构成音节的最小单位 —— 元音有10个 / 辅音有22个

5 农夫的答非所问，官员的无可奈何

　　《笑林广记》又被称为《增广笑林广记》，是清朝时期的一部文言笑话集，是中国古代民间传统笑话的集大成者。《笑林广记》中记载着一则农夫与官员之间的笑话。

　　清朝时，一位朝廷官员来到乡下视察工作。他到达乡下的第一件事情，就是去田间察看农作物的收成。官员询问当地的一个农夫："近年百姓如何？"农夫听得稀里糊涂，就回答道："大人，我们这里的白杏树不多，只有几棵。"官员一听有点头大，于是放大音量强调道："我问的是黎庶，不是白杏树。"农夫听官员这么一说，恍然大悟地回答道："哦，那梨树我们这里就有很多了，许多果园里都有梨树，而且还结了很多果实，汁多又脆甜，只是被虫吃了一些，大人您也喜欢吃梨吗？"官员无可奈何地摇着头，说道："我不想吃梨，与你沟通这么费劲，哪有心情吃梨啊！"

　　这个故事中有一些容易让人误解的音近字。如何识别音近字的具体含义？那我们就需要结合具体的语境来进行辨析。

在我们博大精深的汉语文化中，汉字除了有许多音近字以外，还有许多的多音字、形声字、形近字等。这些汉字的读音也有许多的变化，其中有一定的规律，只要掌握好了这些辨析读音的方法和规律，我们就可以轻松掌握绝大部分汉字的正确读音。

看一眼必须收藏的知识点

读音辨析的方法

读音辨析的方法主要有三种类型：

（1）辨析多音字的正确读音。

（2）辨析形声字的正确读音。

（3）辨析形近字的正确读音。

多音字正确读音的辨析方法

（1）字义记音法：我们在读一个多音字时，可以根据这个字的具体意义来判断它当下的读音。

例如：折，当字义为"折腾"时，读音为"zhē"；

当字义为"折中"时，读音为"zhé"；

当字义为"断""亏损"或是指代姓氏的时候，读音为"shé"。

（2）词性记音法：一部分多音字在不同词语的搭配中，由于词性不同，往往读音也会不同，这时我们可以根据它们的词性来准确判断其读音。

例如：处，当作为动词时，读音多为"chǔ"，处置、处理、处于；

当作为名词时，读音多为"chù"，处所、办事处、处处。

（3）语体记音法：一些多音字在作为口语和书面语使用时，往往读音也会不相同。我们可以根据它们在不同场合中的不同语体来判断其具体的读音。

例如：血，在书面语中读音为"xuè"，血压、血海深仇；

在口语中的读音为"xiě"，流血了，吐血了。

（4）语境记音法：许多的多音字在不同语境中的读音会有

差异，我们可以根据词语所在的语境，联系上下文来理解多音字当下的字义，最终确定其具体的读音。

例如：他终于向大家澄（chéng）清了小铭被冤枉的事实。

这里的自来水只有澄（dèng）清了才能喝，否则会拉肚子。

（5）特殊记忆法：一部分多音字在大多数情况下是一种发音，在特殊的情况下，又是另一种发音。这一类的多音字，我们就可以采用特殊记忆法来记忆。我们可以记住这一小部分的特殊发音，其余的时候都可以归为常规读音。

例如：秘，只有作为国家名秘鲁的时候，才读 bì，其余时候都读作 mì。

弄，只有在表示小巷的时候，才读 lòng，其余时候都读作 nòng。

看一眼**必须背会的知识点**

形声字正确读音的辨析方法

（1）大部分的形声字直接读声旁的发音。

例如：上形下声类型：茅 máo、简 jiǎn、芳 fāng

下形上声类型：想 xiǎng、恙 yàng、煲 bāo

外形内声类型：圆 yuán、阁 gé、闺 guī

内形外声类型：问 wèn、闻 wén、闷 mèn

左形右声类型：沐 mù、骑 qí、钟 zhōng

右形左声类型：期 qī、救 jiù、祁 qí

声在一角类型：醛 quán、渠 qú

（2）一些特殊的形声字声旁相同、读音却不同。

例如：沐、林、休；捎、消、悄

（3）一些特殊的形声字不能读声旁的发音。

例如：浩、池、驰、炽、倩

看一眼就要记住的知识点

形近字正确读音的辨析方法

（1）区分形旁，根据其不同的含义来辨析其读音。

例如：哨（shào）、消（xiāo）、稍（shāo）、捎（shāo）、鞘（qiào）

（2）用口诀记忆有细微差别的形近字。

例如：己（jǐ）、巳（sì）、已（yǐ），可以用口诀记忆为：开口己（jǐ），闭口巳（sì），不开不闭读为已（yǐ）

（3）将相同的读音用组词的方式来记忆及辨析。

例如：博弈（yì）、翌（yì）日、肄（yì）业

读音辨析方法

多音字辨析方法
- 字义记忆法
- 词性记忆法
- 语体记忆法
- 语境记忆法
- 特殊记忆法

形声字辨析方法
- 大部分形声字读取声旁的发音
- 一部分形声字声旁相同，读音却不同
- 一些特殊的形声字不能读声旁的发音

形近字辨析方法
- 区分形旁，根据含义辨析读音
- 口诀记忆有细微差别的形近字
- 用组词的方法记忆相同读音的形近字

第三章

怎样才能做到笔下生花

——掌握妙用修辞的核心技巧

1 品味《荷塘月色》中比喻修辞的美感

"叶子出水很高，像亭亭的舞女的裙。层层的叶子中间，零星地点缀着些白花，有袅娜地开着的，有羞涩地打着朵儿的；正如一粒粒的明珠，又如碧天里的星星，又如刚出浴的美人。"

"月光如流水一般，静静地泻在这一片叶子和花上。薄薄的青雾浮起在荷塘里。叶子和花仿佛在牛乳中洗过一样；又像笼着轻纱的梦。"

这两段优美的文字，细细品来，韵味十足，给读者留下了深刻的印象。它们选自现代文学家朱自清先生的散文《荷塘月色》。这是一篇具有代表性的现代抒情散文，是朱自清先生任教清华大学时创作的。整篇散文洋溢着淡淡的喜悦又笼罩着淡淡的忧愁，这两种感情是对美好憧憬与黑暗现实的有感而发，寄托了作者对荷塘月色的喜爱之情，也寄托了作者向往未来的自由思想。整篇散文构思新颖、语言清新雅致、对景物的描写精彩绝伦，其中多处运用的比喻句更是新颖奇特、生动形象、富有美感，给读者带来强烈的画面感，这也是这篇散文成功的关键。

在第一段文字中，朱自清先生把"荷叶"比喻成"亭亭的舞女的裙"，给静态的荷叶赋予了一种动态的美感。这里的荷叶"出水很高"，与"亭亭的"相对应，作者将舒展的荷叶与亭亭玉立的少女的美态来比照，更加体现了荷叶的优美姿态。接着，作者用一粒粒明珠、碧天里的星星、刚出浴的美人，来比喻月光照射下绿叶衬托的白花莹润之美感，给读者留下了透亮、洁净、清爽的印象。

在第二段文字中，朱自清先生把月光比喻成了流水，突显了月光的明亮与清澈。荷塘中的叶子与花朵笼罩在一层薄薄的青雾中，如同在牛乳中洗过一般，显得柔软温润。这一切的景色，看来似梦非梦，仿佛笼着一层薄纱，给人以朦胧之美。

这一篇写景散文，给我们带来了诸多美的感受，它是作者深刻洞察力与深厚艺术功底的产物。文中多处优美生动、奇特清新的比喻句，更是作者对美的感受与想象的结晶，给世人留下了唯美的精神体验。

看一眼就要记住的知识点

比喻的含义与结构

比喻是一种常见的修辞手法，是用一种事物来描写或者说明与这种事物有着相似之处的另一事物，简单地说，就是打比方。比喻也是认知的一种基本方式。

比喻通常包含三个部分：本体、喻体和比喻词。其中，本体

是指思想的对象，也是被比喻的事物或者情境，即本意。喻体是指另外的事物，也是指作比喻的事物或者情境，即喻意。比喻词，是指比喻句中那些表示比喻关系的标志性词语，也是两种事物的类似点或者共同点。

比喻的作用

比喻的修辞方法，可以对事物的某种特征进行描绘或者渲染。富有文采的比喻句，可以使抽象的事物变得生动而具体，从而富有较强的感染力。比喻可以使深奥难懂的道理变得浅显易懂，有助于人们理解。

需要我们注意的是：比喻句中的本体和喻体，一定是性质不同的两种类型的事物；并且本体与喻体之间还要有相似点，或者共同点。如果是同类相比、表示想象、表示猜测或者表示举例时，即便用了"像"等词语也不是比喻句。例如："她长得很像她外婆。"这是同类进行比较的句子，并非比喻句。再如："这里好冷，好像是下雪了。"这个例句表示一种猜测，也不是比喻句。再如："唐代的诗人有许多，像贺知章、李白、杜甫、王维、白居易等。"这个例句虽然有比喻词"像"，但它仅仅是表示举例的引词，也不是比喻句。

比喻的分类

依据描写或者说明的方式，比喻可以分为十一种类型：明喻、暗喻、借喻、博喻、倒喻、反喻、缩喻、扩喻、较喻、回喻、曲喻。但实际上，我们常用的只有明喻、暗喻、借喻这三种类型。

明喻：这是一种最常见的比喻方式，典型的句式是："甲像乙一样。"这里比喻句的三个组成部分本体、喻体、比喻词，一个都不会少。例如，《荷塘月色》中的"叶子出水很高，像亭亭的舞女的裙"。

暗喻：这种比喻方式的比喻词用得比较隐晦，通常用"是""成为""变为"代替了"像""好似""仿佛"等显而易见的比喻词。典型的句式是："甲是乙。"例如，"老师是一座灯塔，指引着我们不断前行。"

借喻：这种比喻方式是直接描述喻体，不出现本体，典型的句式是："甲代乙。"例如，刘禹锡的《望洞庭》中的诗句："遥望洞庭山水翠，白银盘里一青螺。"这里的"白银盘"比喻的是清澈且平静的洞庭湖。句中的"青螺"比喻的是洞庭湖中青翠的洞庭山。

看一眼就记得住的语文学习技巧

比喻	含义	是一种常见的修辞手法，是用一种事物来描写或者说明与这种事物有着相似之处的另一事物		
	组成部分	本体	喻体	比喻词
	作用	可以对事物的某种特征进行描绘或者渲染		
	分类	明喻、暗喻、借喻、博喻、倒喻、反喻、缩喻、扩喻、较喻、回喻、曲喻		

2 "谪仙人"李白将夸张手法运用得炉火纯青

"噫吁嚱，危乎高哉！蜀道之难，难于上青天！蚕丛及鱼凫，开国何茫然！尔来四万八千岁，不与秦塞通人烟。西当太白有鸟道，可以横绝峨眉巅。地崩山摧壮士死，然后天梯石栈相钩连。"这些句子出自诗仙李白的千古名篇——《蜀道难》。这首诗将李白式的夸张与想象发挥到了极致。全诗营造出了一种气势磅礴、宏大瑰丽的意境，深受世人好评。

公元742年，已是中年的李白来到长安游历。当时，他已诗名大噪。贺知章听说了便来拜访他。就是在这时，贺知章读到了李白的《蜀道难》，大为惊叹。

当时的贺知章是朝廷中的重臣，并且他也写得一手好诗，他的写景诗与抒情诗更是独树一帜、名声远扬。也许是才子相惜的缘故，贺李二人相见恨晚。贺知章对李白的《蜀道难》赞不绝口，完全被《蜀道难》中透露出的豪放气概给征服了，他还称李白为"谪仙人"。

越看李白越喜欢的贺知章，一定要请李白喝酒。于是，年老的贺知章就像老顽童一般，拉着李白就奔向酒楼，二人在那里豪饮、吟诗、探讨学术问题。正当二人酒足饭饱时，贺知章才发现自己没带钱。发现端倪的李白准备买单解围。贺知章却一把拦住了李白，并豪气解下自己腰间佩戴的一只小金龟，当作酒钱给了酒家。可见贺知章是真的非常欣赏李白。李白的《蜀道难》能在诗界前辈那里得到高度评价，可见的确是一篇经典之作。

像《蜀道难》这样巧妙运用夸张手法的诗，李白还写过许多。例如："危楼高百尺，手可摘星辰。不敢高声语，恐惊天上人。"（《夜宿山寺》）

"朝辞白帝彩云间，千里江陵一日还。"（《早发白帝城》）

"烹羊宰牛且为乐，会须一饮三百杯。"（《将进酒》）

"白发三千丈，缘愁似个长。"（《秋浦歌》）

"飞流直下三千尺，疑是银河落九天。"（《望庐山瀑布》）

夸张手法被李白运用得炉火纯青、出神入化。将夸张技法植入整首诗歌，成为李白诗歌最为显著的艺术特征之一。它体现了李白的浪漫主义精神，突出了诗人欢快、喜悦、沉重、悲伤等思想感情，给我们留下了瑰丽奇幻、精彩绝伦的千古名篇。

夸张手法的含义与作用

夸张：为了达到某种表达效果，作者往往会对事物的特征、形象、程度、作用、性质等方面进行有意地扩大或者缩小描写的修辞手法。

夸张可以有效地突出事物的特征、特点，能够鲜明地表达作者的某种思想感情，强调了语气，烘托出气氛，容易引起读者的共鸣，引发读者丰富的联想与想象。

我们需要注意的是：不是所有的文体都能使用夸张修辞手法。比如语言要求严谨真实的科学说明文、说理性的文章等。

夸张手法还需要我们掌握火候，不能与事实相差不多，也不能没有可以依托的现实基础，更不能是不合理的浮夸。

夸张手法的分类

夸张手法也是分门别类的。夸张手法可以分为普通类与超前类。其中的普通类，又可以继续分为扩大式夸张和缩小式夸张。

扩大式夸张：是把事物的特征、程度、形象、作用、性质等，往大、多、高、快、长、强、深等积极向上发展的方面描写。

例如：李白《赠汪伦》中的诗句"桃花潭水深千尺，不及汪伦送我情"；

李益《宫怨》中的诗句"似将海水添宫漏，共滴长门一夜长"；

李白《秋浦歌》中的诗句"白发三千丈，缘愁似个长"。

缩小式夸张：是把事物的特征、程度、形象、作用、性质等，往小、少、矮、慢、短、弱、浅等负面向下发展的方面描写。

例如："三十八年过去，弹指一挥间"；

"去年一滴相思泪，至今流不到腮边"；

"芝麻粒儿大的事，不必放在心上"。

超前类夸张：这是一种提前描述后面发生或者出现的事物的夸张形式，有时也会把前面出现或者发生的事情放到后面来描述。

例如："花里带着甜味儿，闭了眼，树上仿佛已经是桃儿、杏儿、梨儿。"

"看见这样鲜绿的麦苗，就嗅出白面馍馍的香味来了。"

"她还没有端酒杯，就醉了。"

看一眼就记得住的语文学习技巧

夸张	含义	为了达到某种表达效果，作者往往会对事物的特征、形象、程度、作用、性质等方面进行有意地扩大或者缩小描写的修辞手法
	作用	可以有效地突出事物的特征、特点，能够鲜明地表达作者的某种思想感情，强调了语气，烘托出气氛，容易引起读者的共鸣，引发读者丰富的联想与想象
	分类	普通类夸张（扩大式夸张、缩小式夸张）
		超前类夸张

3

如何区分排比与反复？先来读读周敦颐的《爱莲说》

"予谓菊，花之隐逸者也；牡丹，花之富贵者也；莲，花之君子者也。"这句话出自北宋理学家周敦颐创作的名篇《爱莲说》。其意思是："我认为菊花，是花中的隐士；牡丹，是花中的富贵者；莲花，是花中品德高尚的君子。"作者运用了排比的手法，通过对菊花、牡丹、莲花这三种花内在品质的描写，把牡丹作为一种反衬、把菊花作为一种陪衬，自然而然地烘托出莲花高尚廉洁的美好形象，歌颂了莲花坚贞不屈的高尚品格，从而体现出了作者洁身自爱的高贵品质。

《爱莲说》并非周敦颐心血来潮之作，周敦颐也如文中的莲花那样，是一位清官能吏。公元1040年，周敦颐出任洪州分宁县主薄，负责审理案件。当时，有一名囚犯罪不至死，但转运使王逵想杀一儆百，执意要将其处死。遇见这种事情，一般的官员自然是不敢悖逆长官的意愿，可周敦颐不畏强权，他顶着压力，站了出来，明确指出当朝的法律条文，坚决反对自己的顶头上司处死囚犯的决定。顶头上司丢了颜面，当时就火冒三丈。周敦颐仍旧抗议，他将自己手中的笏板

愤怒地扔掉，义正辞严地说道："像你这样还配当百姓的父母官吗？让我用随意杀人的方法来取悦自己的上级，为自己谋个好前程，我是万万做不到的！"长官虽然冷酷凶悍，但并不糊涂，他被周敦颐的正直打动，放过了那位囚犯。后来，那位长官对周敦颐另眼相看、信任有加，还经常向朝廷举荐他。

公元1064年，周敦颐被平调回了家乡永州。他在回乡之前写了一首诗让侄儿先带回给到家乡父老。诗中这样写道："老子生来骨性寒，宦情不改旧儒酸。停杯厌饮得醪味，举箸常餐淡菜盘。事冗不知筋力倦，官清赢得梦魂安。故人欲问吾何况，为道春陵只一般。"周敦颐写这首诗有两个目的，第一个是述说自己的思乡之情，与家乡的父老乡亲们叙叙旧谊；第二个，则是对那些期望攀附关系、另有所图的乡亲，起到严正警告与训斥的作用。后来，那些没有从周敦颐那里捞到好处的乡亲们，对周敦颐议论纷纷。周敦颐听说一些关于自己的谣言后感到极度失望，然而，他那"出淤泥而不染、濯清涟而不妖"的高贵品质，却从未改变。

周敦颐在与一群好友聚会时兴之所至，便一气呵成写下了《爱莲说》。他使用了排比的修辞手法，生动地概括了莲花的君子形象，寄寓了自己洁身自好、不慕名利的人生态度，表达了自己对莲花代表的正直人生态度的赞赏，以及对趋炎附势、追名逐利的低下世风的鄙弃之情。

排比的含义与分类

排比：是指将三个或者三个以上结构相似或者相同，语气一致，内容相关的短语或者句子排列在一起，用来强化内容、增强语势、加强情感的一种修辞手法。排比的使用可以使句子的内容集中，加强语势；节奏明快，便于抒情。需要注意的是，排比不能为了追求句式的整齐而生硬添凑。

排比可以分为并列式排比和递进式排比。并列式排比，就是指排比的句子之间是并列的关系。例如："像春风拂过柳枝，像夏雨洗礼大地，像秋叶装点果实。""心灵是一方广袤的天空，包含着世间的一切；心灵是一片宁静的湖水，偶尔也会泛起阵阵涟漪；心灵是一片皑皑的雪原，辉映出一个缤纷的世界。"

递进式排比，是指排比句子之间是递进的关系。例如："换一个角度去思考，换一个途径去探索，换一个思路去解决。""最大的危机是素质的危机，最大的挑战是能力的挑战，最大的恐慌是本领的恐慌。"

反复的含义与分类

有一种修辞手法看上去与排比有点相似，但二者的本质却有很大的区别，这种修辞手法被称为反复。反复是为了强调某种情感或者某种意思、加深读者的印象，有意地将某些词语或者句子重复使用的一种修辞方法。反复用于说理时，起强调的作用；用于抒情写景时，能够加强文章的感染力；反复还可以承上启下，作为分层划段的标志。

反复分为连续式反复与间隔式反复。连续式反复，指的是连续使用重复相同的词语或者句子，中间并没有间隔其他的词语或者句子。例如："盼望着，盼望着，东风来了，春天的脚步近了。""周总理，我们的好总理，你在哪里啊，你在哪里？""沉默啊，沉默！不在沉默中爆发，就在沉默中灭亡。"

间隔式反复，指的是相同的词语或者句子在文中间隔出现。例如："如果我拥有一片绿洲，我就用我的汗水去开垦它；如果我拥有一片绿洲，我就用我的诚心去改造它。"

看一眼必须背会的知识点

排比与反复的区别

排比着眼于语句的结构相同或者相似、意思相近、语气一致。语句之间偶尔会有个别字相同。而反复则是着眼于语句中词语或者句子字面的重复使用，其中语句中所有的字都必须相同。排比的作用是增强语句的语势，而反复的作用则是强调、突显。

看一眼就记得住的语文学习技巧

对比项目	排比	反复
含义	是指把三个或者三个以上结构相似或者相同，语气一致，内容相关的短语或者句子排列在一起，用来增强语势、强化内容、加强情感的一种修辞手法	是为了强调某种情感或者某种意思、加深读者的印象，有意地将某些词语或者句子重复使用的一种修辞方法
作用	使句子的内容集中，加强语势；节奏明快，便于抒情	反复用于说理时，起强调的作用；用于抒情写景时，能够加强文章的感染力；反复还可以承上启下，作为分层划段的标志
分类	并列式排比、递进式排比	连续式反复、间隔式反复

4 从李清照的《如梦令》中领略借代的精妙之处

"昨夜雨疏风骤，浓睡不消残酒。

试问卷帘人，却道海棠依旧。

知否，知否？

应是绿肥红瘦。"

这是宋代女词人李清照的代表作之一——《如梦令·昨夜雨疏风骤》。这首小令大约创作于公元1101年，当时的李清照大概十七岁，还是一个花季少女。然而，当时的李清照年纪虽轻，但是笔下功夫了得，这首《如梦令》经过岁月长河的检验，至今仍是一篇经典之作。女词人李清照真不愧为"千古第一才女"。在这首小令中，有人物、有场景、有对话，充分展示了作者语言表现的张力与出色的文学才华。

这首小令的大概意思是：昨夜雨疏风烈，我心绪潮涌，不得安睡，只能借酒消愁。怎想一觉醒来，天色已经大亮了。于是，我询问正在卷帘的侍女："室外的海棠花怎么样了？"侍女回答道："一夜风雨，海棠花和昨日一样，一点儿都没变。"我听后，感叹道："你知道吗？这个时节海棠花花丛里已经是绿叶茂盛，红花凋零了。"

这首小令短短几十个字，写得婉转曲折，层次感很强。《蓼园词选》中曾评价这首词是"短幅中藏无数曲折，自是圣于词者"，这是十分恰当的。小令中"应是绿肥红瘦"这一句仿佛神来之笔，同时也是画龙点睛之笔。作者使用了借代的修辞手法，不仅新颖独特，还生动传神。这里的"绿"代替了绿叶，"红"代替了红花，这是两种鲜艳颜色的对比，给读者带来了鲜明的视觉冲击。"肥"字形容雨后绿叶因充分吸收了雨水而变得肥硕茂盛，而"瘦"字则形容雨后红花因受到雨打风吹而变得稀少凋零。"肥""瘦"两种状态的鲜明对比，让读者深刻体验到"红瘦"——春天渐渐离去、"绿肥"——盛夏即将到来的季节更替。

看一眼必须收藏的知识点

借代的含义与作用

借代是指没有直接说出要表达的人或者事物的名称，而是借用与其有着密切关系的人、事物的名称的一种修辞手法。简单地说，借代就是借一种事物来代替另一种事物。因此，大多数的借代词是名词。被借代的事物，被称为"本体"；借代的事物，被称为"借体"。在文章中，本体往往不出现，用借体来代替。

借代的作用：借代能引发读者的联想，使事物的形象更突出、特点更为鲜明，并且生动传神。借代可以使文笔更加精练，使语言的表现更富有张力。大多数借代都是用简代繁、用事代情、用实代虚、用奇代凡。

例如："黄发垂髫，并怡然自乐。"其中的"黄发"借代老人，"垂髫"借代孩童。

"谈笑间，樯橹灰飞烟灭。"其中的"樯"是船的组成部分，"橹"是划水的工具，"樯橹"借代的就是曹操统领的水军。

看一眼 必须背会的知识点

借代的分类

根据不同的运用方式，借代可以分为七种类型：借部分代整体、借特征代本体、借具体代抽象、借工具代本体、借专名代泛称、借形象代本体、借结果代原因。

（1）借部分代整体：顾名思义，就是借用事物具有代表性的那一部分来代替本体的事物。

例如："晓雾将歇，猿鸟乱鸣；夕日欲颓，沉鳞竞跃。"其中的"鳞"代替的是鱼。

"咱们既然在此驻扎，就不许他们动这一带老百姓的一草一木。"其中的"一草一木"代替的是老百姓的任何东西。

（2）借特征代本体：是借用了人或者事物的特征，来代替本

体事物的名称。

例如："圆规一面愤愤的回转身，一面絮絮的说，慢慢向外走。"其中的"圆规"代替的是杨二嫂，因为杨二嫂长得细脚伶仃，有点像圆规。

（3）借具体代抽象：是借用具体的事物来代替抽象的概念。

例如："南国烽烟正十年。"其中的"烽烟"是指古代边境用来作为警报的烟火，在这里代替的是战争，将战争这一抽象的概念具体化了。

（4）借工具代本体：是借用具体的工具，来代替某件事情。

例如："等到惊蛰—犁土的季节，十家已有八户亮了囤底，揭不开锅。"其中的"囤"是一种装粮食的用具，"亮了囤底"是指缺粮。"锅"是做饭的用具，"揭不开锅"指代的是没有饭吃。

（5）借专名代泛称：借用典型性的人或事物的专用名称，来代替本体事物的名称。

例如："你们杀死一个李公朴，会有千百万个李公朴站起来！"其中的"李公朴"代替的是不怕流血牺牲、为民主和平而战斗的英雄。

（6）借形象代本体：借用人或事物的具体形象，来代替本体事物。

例如："上面坐着两个老爷，东边的一个是马褂，西边的一个是西装。"其中的"马褂"和"西装"是两个老爷的具体着装，代替的是两个老爷本人。

（7）借结果代原因：借用事情的结果，来代替本体的事情。

例如："他的心情如同晴空万里。"其中用"晴空万里"代替了心情好的这一件事情。

看一眼就记得住的语文学习技巧

借代	含义	没有直接说出要表达的人或者事物的名称，而是通过借用与其有着密切关系的人、事物的名称来表达的一种修辞手法
	作用	借代能引发读者的联想，使事物的形象突出、特点更为鲜明，并且生动传神。借代可以使文笔更加精练，使语言的表现更富有张力。大多数借代都是用简代繁、用事代情、用实代虚、用奇代凡
	分类	借代可以分为七种类型：借部分代整体、借特征代本体、借具体代抽象、借工具代本体、借专名代泛称、借形象代本体、借结果代原因

5

怎样区分对比和互文？杜甫经典诗句告诉你答案

"朱门酒肉臭，路有冻死骨。"这一千古名句出自诗圣杜甫的《自京赴奉先县咏怀五百字》。自公元753年以来，中原一带天灾不断，使百姓们陷入饥寒交迫的困境。当时执政的唐玄宗要去视察民情，却被大奸臣杨国忠拦下了，他故意安排下人拿来一些上等的庄稼给唐玄宗看，谎称农业并未受到影响，还给唐玄宗拍了一通彩虹屁，大意是唐玄宗是真命天子，上天不会为难真命天子的百姓。享受着开元盛世果实的唐玄宗的确信以为真了。

于是，依旧沉浸在锦衣玉食中的君王和大臣们，完全没有意识到当时的长安已经陷入长期缺粮的困境中。在奢华的宫殿中，君臣纵情声色、肆意享受荣华富贵。然而，在高墙之外，被饥荒折磨致死的穷苦百姓却暴尸荒野，随处可见。善良正直的诗人杜甫看见这些惨绝人寰的场景，悲愤地写下了"朱门酒肉臭，路有冻死骨"，意为：豪门贵族家中的酒肉多得吃不完，已经腐臭了，然而穷人们流离失所，最后落得冻死或者饿死街头的结局。

在创作"朱门酒肉臭，路有冻死骨"时，作者运用了对比的手法，为我们刻画出了唐朝由盛转衰过程中的现实生活画面，它反映出了当时封建社会贫富差距之大，揭露了当时社会阶级严重对立的现实，直击读者心灵，让读者感慨万千。杜甫是唐朝伟大的现实主义诗人，世人可以通过他的诗作来回顾唐朝的历史，因此他的诗也被称为"诗史"。其中《春望》也是他的代表作品之一。

杜甫在《春望》中写道："国破山河在，城春草木深。感时花溅泪，恨别鸟惊心。烽火连三月，家书抵万金。白头搔更短，浑欲不胜簪。"这首诗反映了当时战火不断、国破家亡、民不聊生的悲痛景象。其中"感时花溅泪，恨别鸟惊心"意为：作者感时伤怀，因十分思念久别的亲人，即便看见了令人赏心悦目的花鸟，也只能感到花鸟在为自己流泪、惊心。作者在这里运用了拟人、互文的手法，"花溅泪""鸟惊心"都是由自己伤心时所见景象引申而来，人之心伤其景也哀，表现出作者忧国忧民、思念亲人的悲叹之感。

看一眼就要记住的知识点

对比的含义与作用

对比：也被称为"对照"，是指将两种不同的事物或者同一个事物的两个不同的方面放在一起进行比较的修辞手法。因此，对比可以分为两体式对比和一体两面式对比。

两体式对比是指将两种不同事物放在一起，用比较的方法来描述或者说明，需要突出各自的特征。例如：臧克家在《有的

人——纪念鲁迅有感》中写道："骑在人民头上的，人民把他摔垮；给人民作牛马的，人民永远记住他！"

一体两面式对比是指将同一个事物不同的两个方面放在一起进行比较。例如：鲁迅的《故乡》中写道："他见人很怕羞，只是不怕我，没有旁人的时候，便和我说话，于是不到半日，我们便熟识了。"

对比的作用：可以使事物的特征更加鲜明突出；可以帮助确定事物发展的历史顺序，找出事物发展的历史脉络；同时也有助于对事物进行定性、定量的鉴别与分析，把事物分析得更为透彻全面。

看一眼必须背会的知识点

互文的含义与作用

互文：也被称为"互辞"，这是一种经常应用于古代诗文和对联中的修辞手法，上下文使用的词语相互补充、互相呼应、共同表达一个完整的意思。互文的修辞手法可以使文章收获以少胜多、耐人寻味的艺术效果。

互文有两种类型：单句式互文和复句式互文。

单句式互文是指在同一个句子中出现的互文。例如：王昌龄《出塞》中的诗句"秦时明月汉时关"，其中的"秦""汉"互文，指的是秦汉时期的明月与边关。

复句式互文是指相邻句子中出现的互文。例如：范仲淹《岳阳楼记》中的诗句"不以物喜，不以己悲"，意思是不因外物的好坏和自己的得失而感到欢愉和沮丧，寓意人们不要受到周边事物或者个人私心的影响，不受客观外界的干扰，时刻保持内心的平和与安定。

看一眼必须收藏的知识点

对比与互文的区别

对比是将一些有明显差异、对立的双方放在一起，进行比较对照，可以充分突出事物的特征与二者之间的矛盾。互文则是古代诗文或者对联中相邻句子所用的词语相互呼应、相互补充，二者结合起来表达一个完整的意思。因此，前者的关键点在于二者之间相互对立、有差异；后者的关键点在于二者之间互补。

看一眼就记得住的语文学习技巧

对比项目	对比	互文
含义	也被称为"对照",是指将两种不同的事物或者同一个事物的两个不同的方面放在一起进行比较的修辞手法	也被称为"互辞",这是一种经常应用于古代诗文和对联中的修辞手法,上下句使用的词语相互补充、互相呼应、共同表达一个完整的意思
作用	可以使事物的特征变得更加鲜明突出;可以帮助确定事物发展的历史顺序,找出事物发展的历史脉络;同时也有助于对事物进行定性、定量的鉴别与分析,把事物分析得更为透彻全面	可以使文章收获以少胜多、耐人寻味的艺术效果
类型	两体式对比、一体两面式对比	单句式互文、复句式互文

6 一语双关

——《竹枝词》中的浪漫娓娓道来

    刘禹锡，字梦得，是唐朝中晚期的重要诗人。他出身书香门第，自述是汉代中山靖王的后裔。他自幼聪明好学，在他青春年少之时，其诗作就已经得到诗界的认可，声名在外。二十三岁时刘禹锡考上了吏部的士科，成为太子校书，负责查校太子官署的典籍。

    刘禹锡三十三岁那年，唐顺宗登上帝位，曾经是太子侍读的王叔文得到重用。而王叔文特别欣赏刘禹锡的才华，经常向皇帝举荐刘禹锡。那时的刘禹锡被委以重任，负责一些重要事务。然而，天有不测风云，王叔文等人的革新政策触犯了一些旧权贵的利益，引起了王朝旧势力的坚决抵制，结果顺宗被迫退位，王叔文被处死，刘禹锡也牵连其中，被贬为司马。这就是史上有名的"二王八司马"事件，其中受到牵连的还有另一位大文豪——柳宗元。

    "杨柳青青江水平，闻郎江上唱歌声。东边日出西边雨，道是无晴却有晴。"这是刘禹锡的代表作之一——《竹枝词·其一》。《竹枝词》是一种古老的民歌，经常使用鼓和短笛等乐器伴奏。作者在夔州上任期间，在当地民歌曲调的基础上，创作出了这首新的《竹枝词》，其风格活泼清新、通俗易懂。

　　诗中"东边日出西边雨，道是无晴却有晴"这两句，堪称点睛之笔。作者使用了双关的修辞手法，把少女揣测少年心思的微妙情感刻画得栩栩如生。少年在远远的江上唱着歌，少女听见他美妙的歌声，虽看不清他的容貌，但仍觉得此人气度不凡。于是，在春风习习的江边，陶醉于歌声的少女，脸颊泛起了一抹红晕。少女猜测着少年的心思，不知道对方的心意。"道是无晴却有晴"中的"晴"字一语双关。"东边日出"是"有晴"，"西边雨"是"无晴"，而"有晴""无晴"也是指"有情""无情"。作者通过使用这种谐音双关的手法，将少女遇见情郎时忐忑不安的心情巧妙地描绘了出来。

看一眼必须收藏的知识点

双关的含义与作用

双关是指在一定的语言环境里，利用词语的同音或者多义的条件，使得语句具有明暗双重的含义，言此意彼的一种修辞手法。

双关的使用，可以使语句变得风趣幽默，具有很强的讽刺性，艺术效果鲜明，同时表达的语意较为含蓄。

看一眼就要记住的知识点

常见的双关类型

根据双关的含义，双关通常被分为两种类型：谐音双关和语义双关。

谐音双关：这是一种利用词语同音或者近音条件构成的双关。

例如："童子打桐子，桐子落，童子乐；丫头啃鸭头，鸭头咸，丫头嫌。"这副对联中的"童子"与"桐子"，"鸭头"与"丫头"，"咸"与"嫌"，读音是完全一致的。"落"与"乐"读音相近，在某些方言中，读音也是相同的。

语义双关：这是一种利用词语多义性质构成的双关。

例如：鲁迅先生《故乡》中的语句："这正如地上的路；其实地上本没有路，走的人多了，也便成了路。"句中的"路"，看似是指现实地上的道路，更深层的含义是指积极进取、不断奋进、追求新生活的人生道路。

看一眼就记得住的语文学习技巧

双关	含义	是指在一定的语言环境里，利用词语的同音或者多义的条件，使得语句具有明暗双重的含义，言此意彼的一种修辞手法	
	作用	可以使语句变得风趣幽默，具有很强的讽刺性，艺术效果鲜明，同时表达的语意较为含蓄	
	分类	谐音双关	语义双关

第四章

如何成为古诗词高手
——懂得古诗词的高级感是关键

"千锤万凿出深山，烈火焚烧若等闲"，是大家耳熟能详的金句。它出自于谦之手。于谦，字廷益，号节庵，世称于少保，与岳飞、张煌言并称"西湖三杰"。于谦的金句，出自他的诗作《石灰吟》。全诗为："千锤万凿出深山，烈火焚烧若等闲。粉骨碎身浑不怕，要留清白在人间。"

这首诗歌并非作者的想象之作，而是他当时来到一座石灰窑时，现场观看师傅烧石灰时有感而发。看到一堆堆青黑色的山石，在经过烈火焚烧之后，会变成白色的石灰，于谦深有感触，他将那些石灰比喻成自己，表达了自己为国效力尽忠、不怕牺牲的意愿与坚守高洁品格的高尚情操。

很明显，这是一首托物言志的古诗。于谦把自己的高尚情操寄意于对石灰炼制过程的描写。运用这种手法的优秀古诗还有许多，诗人们在创作托物言志的作品时，都能够精准地找到言志之事物。比如：李贺的《马诗》中的"何当金络脑，快走踏清秋"，王冕的《墨梅》中的"不要人夸好颜色，只留清气满乾坤"等。

那么，古诗中除了精彩的托物言志的诗作外，还有哪些其他类型的古诗呢？这些古诗所蕴含的情感又有哪些不同呢？

看一眼就要记住的知识点

羁旅乡愁类型的古诗词

羁旅乡愁类型：这类诗歌是诗人们长期在外客居、漂泊时，对自己在异乡所见所闻的有感而发，从而抒发自己对家乡及亲人的思念之情，表达人生的漂泊愁苦、人生变化无常的感触。比如张继《枫桥夜泊》中的"月落乌啼霜满天，江枫渔火对愁眠"，表达了羁旅途中的孤寂与哀愁；杜甫《登高》中的"万里悲秋常作客，百年多病独登台"，则是作者借着自己独居他乡的孤寂，抒发了自己怀才不遇的幽怨之情。

看一眼必须背会的知识点

送别惜别类型的古诗词

送别惜别类型：这类诗歌是诗人送别友人时所作，以此表达自己的依依惜别之情。古人在离别时，往往会为友人折柳相送、设酒饯别。诗人们在送别友人时，抒发的情感因诗人个性的不同，也会稍有差别。有的诗人会直接抒发自己依依惜别的不舍与感伤；有的诗人会借离别之苦与友人共勉；有的诗人会表明自己的内心志向；有的诗人会借此抒发对人生的感慨。

看一眼必须收藏的知识点

边塞军旅类型的古诗词

边塞军旅类型：这类诗歌大多是以保卫边疆及描写边疆自然风光为主题的。诗人们通常会从固守边疆的角度出发，或是抒发自己保家卫国、建立伟业的豪情，或是赞美风景雄奇的异域风光，或是抒发将士们思乡的情愁，或是表现战士们奋不顾身、英勇杀敌的英雄气概等。比如高适的《燕歌行并序》中的"杀气三时作阵云，寒声一夜传刁斗。相看白刃血纷纷，死节从来岂顾勋"就是通过描写边塞战争，表现了战士们英勇无畏的悲壮气势。

看一眼就要记住的知识点

山水田园类型的古诗词

山水田园类型：这类诗歌主要是描写秀丽的自然风景，歌颂闲适恬淡的田园生活之乐趣。陶渊明就是这一流派的代表人物。他的《归园田居》中"羁鸟恋旧林，池鱼思故渊"一句运用比喻的手法，表现出他对自由生活的向往、对官场腐败的厌恶之情。再如孟浩然《过故人庄》中"绿树村边合，青山郭外斜。开轩面场圃，把酒话桑麻"，将淳朴自然的农家田园风光表现得淋漓尽致。

看一眼就要记住的知识点

咏史怀古类型的古诗词

咏史怀古类型：这类诗歌是诗人以历史人物故事为主题，借咏史来抒发对历史兴衰变迁的感伤之情。有些诗人会借古喻今，表达自己的忧国忧民之情；有些诗人会借古表明自己对历史人物或者事件的观点，抒发对历史英雄或是贤人的敬仰之情。比如杜牧《赤壁》中的"东风不与周郎便，铜雀春深锁二乔"，就是作者借着赤壁之战的历史事件，表达了自己怀才不遇的感伤之情。

看一眼必须背会的知识点

抽象哲理类型的古诗词

抽象哲理类型：这类诗歌被诗人们用于表达自己的哲学观点，内容往往比较深刻抽象，能启发读者深思。如苏轼的《题西林壁》一诗："横看成岭侧成峰，远近高低各不同。不识庐山真面目，只缘身在此山中。"诗人就是通过对庐山的景色描写，深刻地揭示了"当局者迷，旁观者清"的哲学道理。再如陆游的《冬夜读书示子聿》中的"纸上得来终觉浅，绝知此事要躬行"，说明了学习需要实践的道理。

看一眼必须收藏的知识点

闺怨类型的古诗词

闺怨类型：这类诗歌主要描写了恋人或夫妻之间的感情生活与爱慕之情。其中，李清照的《一剪梅·红藕香残玉簟秋》词中就写道："一种相思，两处闲愁。此情无计可消除，才下眉头，却上心头。"用了短短十几字就营造出了一种凄美哀伤的意境，写出了词人独守空房、思念爱人的忧伤之情。再如苏轼的《江城子·乙卯正月二十日夜记梦》词中写道："十年生死两茫茫，不思量，自难忘。千里孤坟，无处话凄凉"，表达自己对亡妻的思念之情。

看一眼就记得住的语文学习技巧

古诗词 常见题材	托物言志类型	羁旅乡愁类型
	送别惜别类型	边塞军旅类型
	山水田园类型	咏诗怀古类型
	抽象哲理类型	闺怨情感类型

2 轻松读懂语言风格迥异的古诗词

　　陆游是我国著名的爱国诗人，也是我国现存诗歌数量最多的诗人，他一生笔耕不辍，诗歌数量高达9362首，并且这些诗歌的文学价值极高。公元1210年，八十五岁高龄的陆游在弥留之际，写下了著名的诗歌——《示儿》："死去元知万事空，但悲不见九州同。王师北定中原日，家祭无忘告乃翁。"这也成为了诗人最后的遗作。从诗句中，我们可以看出诗人向世人发出了最后的反抗号召，表达了他对祖国统一的期盼、对平定中原的坚定信念。诗句虽然只有短短的二十八个字，但诗意深沉厚重，给读者内心带来无限激励，使浓浓的爱国情怀跃然纸上。

　　除了《示儿》以外，陆游还写了许多表达爱国主义情怀的诗篇。他的古诗的语言风格大多属于豪放一类，例如《示儿》中的"死去元知万事空，但悲不见九州同"。而陆游的词则是集合了豪放与婉约的特点，自成一家，他的豪放词大多慷慨悲壮，而婉约词也独具特色。例如他在《夜游宫·宫词》中写道："独夜寒侵翠被，奈幽梦、不成还起。欲写新愁泪溅纸。忆承恩，叹余生，今至此。"一个"寒"字，衬托出情景中的无限凄凉；一个"溅"字，表现出作者无比痛苦的心境。

中华诗词文化博大精深，其中还有许多优秀的诗作，它们迥异的语言风格，使我们的诗词文化璀璨夺目。那常见古诗词的语言风格有哪些呢？它们的特点又是怎样的？

看一眼就要记住的知识点

语言风格豪放雄浑的古诗词

风格豪放雄浑的古诗词：这种语言风格的古诗词，气势磅礴、节奏奔放，往往给读者们营造出一种开阔宏大的诗歌意境。例如刘邦的《大风歌》中写道："大风起兮云飞扬，威加海内兮归故乡，安得猛士兮守四方！"诗句豪放大气，表达了刘邦对国家尚未安定的惆怅。再如曹操的《龟虽寿》中写道："老骥伏枥，志在千里。烈士暮年，壮心不已。"全诗语言高亢大气，抒发了曹操的雄心壮志。再如苏轼的《念奴娇·赤壁怀古》中写道："大江东去，浪淘尽，千古风流人物。"这首词作将长江的豪壮气势表现得淋漓尽致。

看一眼必须收藏的知识点

语言风格委婉含蓄的古诗词

风格委婉含蓄的古诗词：风格委婉含蓄的古诗词独树一帜，

给人一种含蓄隽永的感觉。例如李煜的《浪淘沙》中写道："帘外雨潺潺，春意阑珊。罗衾不耐五更寒。梦里不知身是客，一晌贪欢。   独自莫凭栏，无限江山，别时容易见时难。流水落花春去也，天上人间。"诗人通过对雨声潺潺、春意凋残的细腻描写，抒发了对故土的无限思念之情。再如李商隐的《夜雨寄北》中写道："君问归期未有期，巴山夜雨涨秋池。何当共剪西窗烛，却话巴山夜雨时。"作者将身在异地的友人之间的思念之情都隐于巴山夜雨的情景之中，需要读者慢慢去细品。

看一眼必须背会的知识点

语言风格幽默讽刺的古诗词

风格幽默讽刺的古诗词：这类古诗词的语言风格多是风趣幽默、诙谐辛辣的，往往还带有一些夸张的手法。例如李白的《戏赠杜甫》："饭颗山头逢杜甫，顶戴笠子日卓午。借问别来太瘦生，总为从前作诗苦。"这是一首前辈李白调侃后辈杜甫的诗，李白调侃杜甫说："请问贤弟自从我们分别以后，为何如此消瘦呢？恐怕是因为这段时间里作诗太辛苦的缘故吧。"李白诗中调侃的语气，从侧面反映出李杜二人的深厚友情。再如辛弃疾的《西江月·遣兴》："醉里且贪欢笑，要愁那得工夫。近来始觉古人书，信著全无是处。   昨夜松边醉倒，问松'我醉何如'。只疑松动要来扶，以手推松曰'去'！"这是辛弃疾在酒醉后写的一首词，

102

他用自己与松树的互动来表现自己酒醉的状态，同时借酒醉表达对社会现实的不满。

看一眼就要记住的知识点

语言风格绚丽飘逸的古诗词

风格绚丽飘逸的古诗词：这类古诗词通常使用华丽的辞藻、多种修辞方法，以及丰富的想象力，在作品中进行生动形象的描绘，把作品的底色渲染得五彩缤纷，给读者带来独特的审美感受。比如李白的《望庐山瀑布》中的诗句："日照香炉生紫烟，遥看瀑布挂前川。飞流直下三千尺，疑是银河落九天。"其中的一个"挂"字，运用夸张的手法把瀑布垂空飞流而下的状态描绘得生动传神，让读者的大脑中出现了雄壮恢宏的瀑布山水画面。再如李白的《行路难·其一》中的诗句："金樽清酒斗十千，玉盘珍羞直万钱。"诗人用夸张的手法，将金杯中的美酒写成一斗值十千，玉盘中的美味佳肴更是价值不菲。即使面对如此的珍馐佳肴，诗人也仍旧"停杯举箸"，不愿进餐。

看一眼就记得住的语文学习技巧

诗词常见的语言风格	豪放雄浑	委婉含蓄
	幽默讽刺	绚丽飘逸
古诗词的语言风格 重要诗人、词人的主要语言风格	李白，豪迈飘逸	杜甫，沉郁顿挫
	白居易，明白晓畅	王昌龄，高昂雄壮
	王维，诗中有画	高适，悲壮豪迈
	李商隐，朦胧隐晦	李清照，婉约细腻
	温庭筠，绮丽浓艳	陶渊明，自然恬淡
	陆游，爱国豪壮	杜牧，俊朗含蓄
	苏轼，旷达不羁	杨万里，清新明快

3 一招从诗词小白秒变诗词达人

——高效掌握诗词的表达技巧

　　绍熙三年（1192年），陆游罢官归隐山阴时曾写下一首《十一月四日风雨大作》。这时候的陆游已经是六十八岁，他一生主张北伐，渴望全国统一。虽然隐退了，但他内心的这种爱国热情却是丝毫未减，时时不忘收复祖国的大好河山。他在诗中写道："僵卧孤村不自哀，尚思为国戍轮台。夜阑卧听风吹雨，铁马冰河入梦来。"

诗中的"僵卧"二字，生动形象地表现出诗人穷居孤村、身体衰弱的生活境遇。这是一种写实的手法，把诗人实际的生活状态描写了出来。接着诗句中还提到了"铁马冰河"的梦境，这就是他内心无法实现的为国雪耻、收复失地的远大理想。诗人通过对虚幻梦境的描写，侧面表达了自己的爱国之情，将自己忧国忧民的情感寄于诗词之间。这种虚实结合的表达技巧，正是诗人这首佳作的精华所在，它把诗人的爱国情怀表现得淋漓尽致，使作品的结构紧凑严谨，主题鲜明。

事实上，除了上述这种虚实结合的表达技巧外，古诗词中还有多种形式的表达技法，它们正是成就无数经典之作的关键所在。我们把这些表达技巧明晰后，就不难掌握古诗词文化的精髓。

看一眼必须收藏的知识点

古诗词的表达技巧——情景交融

情景交融的表达技巧：指诗人在描写景物时，融入了自己的主观情感，使诗歌达到了"物我合一"的境界，景中有情，情中有景。例如杜甫的《绝句》："迟日江山丽，春风花草香。泥融飞燕子，沙暖睡鸳鸯。"春天的美景历来都是诗人笔下的热门描写对象，谁写得更加深入人心？这就需要考验诗人在诗词创作中的构图能力。《绝句》这首古诗的高明之处就是诗人构建了一幅有序且工整对仗的画面，并且将自己轻松愉悦的情感融于景中，让读者品来心情畅快。

看一眼就要记住的知识点

古诗词的表达技巧——托物言志

托物言志的表达技巧：在诗词的创作中，许多诗人热衷于借助自然界中具有某种特征或者性质的事物来传达某种情感或者志向。这种表达技巧，往往比较含蓄深刻、内涵深远。例如黄巢的《不第后赋菊》中的诗句："待到秋来九月八，我花开后百花杀。冲天香阵透长安，满城尽带黄金甲。"诗人借咏菊来抒发自己远大的抱负，下笔刚劲有力，格调恢宏雄壮、气势凌厉，给读者塑造了一个身披盔甲、手持长剑、气度不凡的英雄形象。后来，世人也多用这些金句来形容一些有志之士。

看一眼必须收藏的知识点

古诗词的表达技巧——以动衬静

以动衬静的表达技巧：诗人通过描写动态的景物来反衬静态的景物。例如王维的《鸟鸣涧》中的诗句："人闲桂花落，夜静春山空。月出惊山鸟，时鸣春涧中。"这首诗通过描写桂花飘落的动态景色，反衬出了春季夜晚的静谧。月亮的出现，惊飞了山涧中的小鸟。小鸟偶尔传来的鸣叫声，也突出了春夜山中的空灵。再如陶渊明的《饮酒》中的诗句："采菊东篱下，悠然见南山。"诗人通过采摘菊花的动态场景，来反衬自己内心的平静与祥和，给读者留下了深刻的印象。

古诗词的表达技巧——借古讽今

借古讽今的表达技巧：诗人常在咏史诗里借用历史上的事件来讽喻当下。例如杜牧的《泊秦淮》中的诗句："烟笼寒水月笼沙，夜泊秦淮近酒家。商女不知亡国恨，隔江犹唱后庭花。"杜牧的这首诗，写得非常高级，他首先描写了夜色中的江水、江月，写出了夜晚秦淮河上那种轻柔朦胧之美感，同时还在美景的背后，暗含了一种朦胧的忧患。句中的"烟笼寒水"，通常是江上起大雾时的景象，我们可以理解为隐含的一种亡国预示或者危机。最后一句中的"后庭花"，是指陈后主创作的一首曲子——《玉树后庭花》。陈后主在创作这曲子时，正好是隋文帝建立隋朝之际，同时也是南北朝灭亡之时，因此这里的"后庭花"其实是暗指一种亡国之音。杜牧借古讽今，讽刺了当时腐败无能的唐朝统治者。这首诗至今仍旧是经典，是借古讽今诗作中的一个代表性作品。

古诗词的表达技巧——比兴

比兴的表达技巧：比兴，其实是指"比""兴"。"比"是一种对人或物的形象比喻，目的是使人或物的特征更为鲜明。而"兴"

是起兴，是作者借助其他的事物作为诗歌的发端，从而引出所要歌颂的内容。"比""兴"常常连在一起使用。例如《国风·卫风·氓》中的"桑之未落，其叶沃若。于嗟鸠兮，无食桑葚""桑之落矣，其黄而陨"。这里诗人用桑叶来比喻弃妇的状态由青春焕发到年老色衰的这种转变。诗句中的"沃若""黄陨"的对比，暗示了女主人公容貌的衰老，还象征了女主人公的爱情也由盛转衰，充满了悲凉的感情色彩。

看一眼就记得住的语文学习技巧

古诗词常见的表达技巧	虚实结合	情景交融
	托物言志	以动衬静
	借古讽今	比兴

4 理解古诗词的话外之音

——抓住意象与意境是重点

　　唐代诗人贺知章曾经称李白为"谪仙人"，这也是李白"诗仙"名号的由来。李白被称为"诗仙"，主要还是因为他的诗歌浪漫飘逸、想象丰富。《月下独酌》就是李白的一首具有代表性的佳作，其诗句给人以轻快、飘逸之感。全诗为："花间一壶酒，独酌无相亲。举杯邀明月，对影成三人。月既不解饮，影徒随我身。暂伴月将影，行乐须及春。我歌月徘徊，我舞影零乱。醒时同交欢，醉后各分散。永结无情游，相期邈云

汉。"这首诗中写到了月、酒。诗人饮酒半酣、醉眼蒙眬，看见天上的月亮已经从清晰明朗的圆形逐渐变成了朦朦胧胧、捉摸不定的形状。

酒是李白创作的催化剂，李白在许多诗作中都提到了酒，而诗中各种情景下的酒也代表了诗人不同的情感与状态。如《月下独酌》一诗中的酒，是一种孤独的酒，它是诗人孤独时的陪伴者。诗人可以借饮酒一事来排遣自己的孤独之情。酒还有一个作用，那就是将作者与以月亮为代表的自然环境融合为一体，并且毫无违和感。

看一眼就要记住的知识点

古诗词中的意象

"诗仙"李白在《月下独酌》中对月亮与酒的描写，注入了自己的所思所想，寄托了自己丰富的主观情感。这里的月亮与酒是全诗中的两个意象。所谓意象就是作者的意中之象，它是指一些用来寄托作者主观情感与思想观点的客观事物。比如托物言志诗中的物、借景抒情诗中的景，都是一种意象，是作者主观感受与客观事物互相融合的产物。我们也可以理解为诗中的景或物并非仅是单纯的一种事物，它们被作者赋予了一定的情感，具有独特的功能。例如于谦《石灰吟》诗篇中的石灰，就是表达了诗人主观情感的一种意象，诗人借石灰表明了自己洁身自好的高贵品质。

古诗词中的意境

　　"诗仙"李白用月亮与酒，勾勒出了一幅一人对着孤月独饮的画面，构成一个孤独的场景，给人以孤独伤感之感。这种孤独的场景，就是《月下独酌》全诗的意境。因此，我们可以看出，意境就是作者将自己的思想情感与客观场景融合在一起，构建出一种耐人寻味的、具有艺术特色的境界。意境常常是多个意象组合、叠加后的升华。如果意象是一个点的话，那意境就是由这些点组合而成的面。我们可以通过意境全面把握作品的主题及思想感情。例如马致远的《天净沙·秋思》："枯藤老树昏鸦，小桥流水人家，古道西风瘦马。夕阳西下，断肠人在天涯。"在这首小令中，作者就用了枯藤、老树、昏鸦、小桥、流水、人家、古道、西风、瘦马、夕阳、断肠人这十一个意象，成功描绘出了一个浪迹天涯的断肠人风尘仆仆、深秋漂泊的图卷，构建出山凄清悲苦的意境，给人带来无限凄凉的感觉。

看一眼必须收藏的知识点

古诗词中常见的意象

　　除了月亮与酒外，还有许多的客观事物被诗人们常用作意象。这些客观事物都具有某种特殊的品性，诗人们往往借此来表达自己的观点或者思想感情。以下是诗人们热衷用来作为意象的常见事物。

梅花：在寒冬盛开的梅花，常被诗人们用来作为高洁无畏的品格的象征，寄托着作者对高洁品质的向往与追求。例如王安石的《梅花》中的诗句："墙角数枝梅，凌寒独自开。遥知不是雪，为有暗香来。"陆游的《梅花绝句二首·其一》中的诗句："闻道梅花坼晓风，雪堆遍满四山中。何方可化身千亿，一树梅花一放翁。"王冕的《墨梅》中的诗句："我家洗砚池头树，朵朵花开淡墨痕。不要人夸好颜色，只留清气满乾坤。"

柳树：柳树的"柳"与"留"谐音，古人在送别之际通常会折柳相赠，这种风俗兴起于汉朝，盛行于唐朝。因此，古人常常用折柳的方式，表达自己与亲友依依惜别之情。例如王之涣的《凉州词二首》中的诗句："羌笛何须怨杨柳，春风不度玉门关。"隋代无名氏的《送别》中的诗句："杨柳青青著地垂，杨花漫漫搅天飞。柳条折尽花飞尽，借问行人归不归？"杨慎的《临江仙》中的诗句："折柳之情何限，送君还与故乡。"

哀鸿：哀鸿一词来源于"鸿雁"，《诗经·小雅·鸿雁》里写道："鸿雁于飞，哀鸣嗷嗷。维此哲人，谓我劬劳。"因此，哀鸿通常用来比喻一些哀伤苦痛、流离失所、无家可归的人。后来还有"哀

鸿遍野""鸿雁在野"等衍生词组，用来比喻流离失所的百姓。例如龚自珍的《己亥杂诗》中的诗句："三更忽轸哀鸿思，九月无襦淮水湄。"韩愈的《酬裴十六功曹巡府西驿途中见寄》的诗句："哀鸿鸣清耳，宿雾褰高旻。"

看一眼就记得住的语文学习技巧

古诗词中常用意象	梅花	梧桐
	柳树	月亮
	酒	琴瑟
	长亭	杜鹃
	羌笛	春水
	芳草	松柏
古诗词中常用典故	青梅竹马	红豆
	桃源	连理枝
	精卫填海	秋风鲈鲙
	洗耳	鸡肋
	杜康	秋水
	豆蔻	高山流水

5

了解古诗词中的精彩炼字

　　唐代诗人白居易的《暮江吟》，是一首广为流传的佳作，其中这样写道："一道残阳铺水中，半江瑟瑟半江红。可怜九月初三夜，露似真珠月似弓。"我们从诗句中读出了夕阳入水之景，美妙绚烂，一

半的江水碧绿如碧色的宝石，一半的江水却又呈现出夕阳红。诗中的"瑟瑟"，本义为宝石之名，出自《通雅》中的"瑟瑟有三种，宝石如珠，真者透碧。"那为什么会出现这种颜色的分离现象呢？诗人在第一句诗中就告诉了我们，是一道残阳铺在了水中。这里的"铺"字用得非常精妙，它从侧面反映出了当时的阳光是斜射于江面，而并非直射在江上。一个"铺"字，就打开了整首诗的格局，为下文做了铺垫，成就了整首诗歌。这样的炼字非常精彩，是许多佳作的奠基石。

看一眼就要记住的知识点

古诗词中炼字的含义

一些古诗词的篇幅原本就比较短小，这就要求作者对字词的使用务必做到精练。许多有名的诗人，对诗句中的遣词用字的要求非常高，通常都是反复推敲，以求用字的精妙，对于一些关键性的字词，更是千锤百炼。他们会根据诗意与意境的需求，精心挑选出最为贴切的字词来表达思想与情感。这样的手法，就被称为古诗词中的炼字。因此，炼字的含义就是：作者根据文章内容与意境的需求，精心挑选出的一些最为贴切、最为合理、最具有表现力与感染力的字词，以此来表达作者深刻的思想与丰富的情感。

看一眼必须收藏的知识点

古诗词中的炼动词

古诗词中的炼字根据字词的词性或者在诗句中具体的语法功能，可以分为多种类型。当炼字是动词时，就是古诗词的炼动词。有些炼动词会有多重含义。例如潘大临的《江间作四首·其三》中的诗句："沙明拳宿鹭，天阔退飞鸿。"其中，"拳""退"两个动词，用得精彩传神。一个"拳"字就将白鹭在沙滩上休息的神态形象地描绘出来了。"退"字也将鸿鸟在天空中飞行的状态生动地表现出来。再如曹植的《七哀》中的诗句："明月照高楼，流光正徘徊。"这里的"徘徊"二字，不仅为月光赋予了生命，还给月光蒙上了一层淡淡惆怅的感情色彩，把月光这种没有生命、没有情感的事物，描绘成了有生命、有情感的事物，也就是我们常说的把事物写活了。

看一眼必须背会的知识点

古诗词中的炼形容词

古诗词中的炼形容词，是一种常见的古诗词炼字。因为古诗词是用主观化的表达方式描写社会生活，当诗人需要将抽象事物转化为具体事物、将无形的事物转化为有形的事物时，常常会使用形容

词来完成这些任务，将其特点形象地描写出来，同时传达出作者的某种思想感情。例如王维的《过香积寺》中的诗句："泉声咽危石，日色冷青松。"深山中流动着的山泉遇到岩石的阻碍，发出了低吟，仿佛呜咽之声。照在青松上的日色，由于山林的幽暗，显得十分阴冷。这里的"冷"字，就是运用了拟人通感的手法，将深山中那种深幽、孤寂、阴冷的景象展现得淋漓尽致。

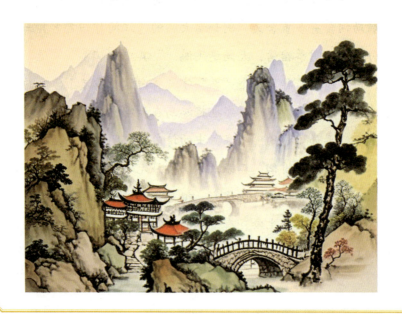

看一眼就要记住的知识点

古诗词中的炼数量词

古诗词中的炼数量词，在渲染氛围、写景状物、说明事理、表达深意等方面起着十分重要的作用。例如齐己的《早梅》中的诗句：

"万木冻欲折，孤根暖独回。前村深雪里，昨夜一枝开。风递幽香出，禽窥素艳来。明年如应律，先发望春台。"这里的"一枝"原本是"数枝"，是后来郑谷将其改为了"一枝"。作者齐己细细品来，感觉十分精妙，于是就主动拜郑谷为"一字师"。这里的"一枝"为什么用得好呢？原因是它在诗句中起到了画龙点睛的作用。梅花是早于百花绽放的，这里的一枝独梅又是先于众梅绽放的，是早中之早，更显出梅花的独特与非凡。而"一"字原本就含有首先、第一的意思，用于此处，十分贴切，非常应景。

看一眼必须收藏的知识点

古诗词中的炼虚词

　　古诗词中的炼虚词，可以使得诗文自然流畅，开合呼应，使诗歌的韵律变得活泼悠扬，达到一种文气流动的美学效果。例如杜甫的《蜀相》中的诗句："丞相祠堂何处寻，锦官城外柏森森。映阶碧草自春色，隔叶黄鹂空好音。三顾频烦天下计，两朝开济老臣心。出师未捷身先死，长使英雄泪满襟。"诗中描写的春景再怎么美好，也无法吸引诗人的注意力，诗人对碧草视而不见，对黄鹂之音听而不闻，只一心怀念诸葛武侯。诗句中的"自""空"二字，用得十分传神，突显了诗人对诸葛武侯的敬仰之情，同时也烘托出了祠堂的荒凉与落寞。

看一眼就记得住的语文学习技巧

古诗词的炼字	炼字的含义	作者根据文章内容与意境的需求，精心挑选出的一些最为贴切、最为合理、最具有表现力与感染力的字词	
	常见的炼字类型	炼动词	炼形容词
		炼数量词	炼虚词
		炼叠音词	炼拟声词
		炼活用词	炼颜色词

6 从《诗经》视角窥探诗歌的庞大体系

　　《诗经·卫风·硕人》在描写庄姜的美貌时佳句迭出："手如柔荑，肤如凝脂，领如蝤蛴，齿如瓠犀，螓首蛾眉。巧笑倩兮，美目盼兮。"精练的诗句将庄姜的美貌描写得惟妙惟肖，末尾的诗句再用"巧笑倩兮，美目盼兮"来画龙点睛，使其生动的形象跃然纸上，令人叫绝。

　　《诗经》是我国古代诗歌的源头，是最早的一部诗歌总集，收录了西周初期至春秋中叶这一时期的诗歌，一共是三百一十一篇。其中有六篇是笙诗，就是没有内容，只有题目的诗歌。

　　《诗经》从内容上分类，可以分为风、雅、颂；从手法上来分类，可以分为赋、比、兴。《诗经》的内容十分丰富，有的反映了风俗与婚

恋，有的反映了祭祖与宴会，有的反映了劳动与情感，有的反映了战争与奴役，甚至有的还反映了天文、地貌、动植物等方方面面，可以说，它是周朝社会生活的一面真实的镜子，我们可以通过这些诗歌，了解当时社会的世间百态。

《诗经》中的诗歌以四言为主。那么，诗歌到底是一种怎样的文学体裁？它有哪些特点？除了四言古诗外，我们的诗歌还有哪些不同的类型？

看一眼必须收藏的知识点

诗歌的含义及其特点

　　诗歌是人类社会最早的一种文学体裁。它具有一定的音节、韵律、声调，语言精练、情感丰沛、想象丰富，用高度凝练的语言表现出了人们的精神世界，反映了其时其地的社会生活。

　　诗歌具有鲜明的特点。首先，它的语言精练而富有韵律，有一种音律之美感；诗歌的想象力是非常丰富的，抒情也是浓墨重彩的；精短的诗歌还具有高度概括性，没有多余的语言。

看一眼就要记住的知识点

有关诗歌的一些基础知识

近体诗与古体诗：近体诗是律诗与绝句的统称，它的字数、押韵、平仄等都有着严格的要求。古体诗是近体诗形成以前的除楚辞体外的诗，没有平仄、对仗、字数的要求，也被称为古风。常见的有四言体、五言体、七言体、杂言体。

律诗与绝句：二者都有平仄的要求。一般说来律诗有八句，颔联与颈联就要求必须对仗。超过八句的被称为"排律"或者"长律"。绝句一般是四句。

五律与七律的结构：五律与七律一般要求每首要有八句。其中第一、第二两句为首联；第三、第四两句为颔联；第五、第六两句为颈联；第七、第八两句为尾联。

乐府诗：我国汉代宫廷中的音乐官署被称为乐府，后来人们就用"乐府"来作为汉魏南北朝时期由乐府机关采制诗歌的名称。

词的标题与词牌：词的标题高度概括了一首词的主要内容，而词牌则是一首词的词调名称。比如《永遇乐·京口北固亭怀古》中的"永遇乐"是词牌名，"京口北固亭怀古"是这首词的标题。

飞花令：这是古人在酒局上行酒令时做的一种文字游戏。唐诗《寒食》中有诗句"春城无处不飞花"，"飞花令"一名就由此而来。飞花令要求所出诗句与所吟诗句必须格律一致，一般不

超过七个字的诗句，对规定字所在的位置有着严格的要求。比如对令人甲所出诗句是"风劲角弓鸣"（第一个字是"风"），行令人乙就需要接第二字是"风"的诗句；行令人丙需要接第三个字是"风"的诗句，这样以此类推，一直到"风"字落于第七个字的位置时，才算完成了一轮。

　　诗眼：即句中眼，就是诗句中用得最为精彩、最为精辟的一个字。许多时候，一个精辟的用字可以点亮整个诗句，使诗句变得富有艺术感染力。比如："僧敲月下门"中的"敲"字；"红杏枝头春意闹"中的"闹"字；"大漠孤烟直"中的"直"字等，都是精彩的诗眼。

看一眼就记得住的语文学习技巧

诗歌	按题材分类	咏物诗	咏怀诗	咏史诗
		爱情诗	边塞诗	田园诗
		送别诗	山水诗	讽喻诗
	按形式分类	近体诗	古体诗	
	按作者分类	文人创作	民歌民谣	
	按表达分类	抒情诗	叙事诗	说理诗

中国古代诗歌	诗	古体诗	四言古诗	五言古诗	六言古诗
			七言古诗	杂言古诗
		近体诗	绝句（五言绝句、七言绝句）	
			律诗（五言律诗、七言律诗、排律）	
	词（长短句）	小令	中调	长调
	散曲	小令	带过曲	套数

中国现代诗歌	按结构分类	格律诗	自由诗	散文诗
	按表达方式分类	抒情诗	叙事诗	

第五章

如何夯实博学的文学功底

——从掌握丰富的文学常识做起

1 快速了解小说体裁内涵

——先看看《红楼梦》的创作背景

"满纸荒唐言，一把辛酸泪。都云作者痴，谁解其中味？"这是《红楼梦》中经典的缘起诗——《满纸荒唐言》。我们可不能被这首诗的字面之意给糊弄了，《红楼梦》绝非只会让人莫名其妙流泪的荒唐故事，《红楼梦》的作者曹雪芹也并非一个痴傻的糊涂蛋。相反，《红楼梦》是一本反映社会现实的经典之作，而曹雪芹当然就是一位难得糊涂的世间智者。《满纸荒唐言》短短的二十个字，就道出了人世间痛苦的真理：真正的痛苦，是无法言表的，有时只能通过一些看似荒诞的方式表达出来。

《红楼梦》是中国古代章回体长篇小说，也是我们通常所说的四大名著之首。它既然能位列四大名著之首，坐着第一把交椅，很明显这江湖地位可不是白给的，它堪称中国封建社会的百科全书，是我们中国传统文化的集大成者，并且还是一部具有世界影响力、格局极高的人情小说。《红楼梦》以其深刻丰富的思想底蕴以及极高的艺术成就，使得学术界出现了一种研究《红楼梦》的专门学问——红学。那么，《红楼梦》为什么会有如此大的魅力，使得数百年来世人对它无比热爱、狂热追捧呢？

首先我们来了解一下《红楼梦》的大概内容与成书背景。《红楼梦》的通行本一共是一百二十回，普遍的说法是前八十回是清代作家曹雪芹所著，后四十回的作者不详，由高鹗、程伟元二人整理而成。因此，我们在阅读后四十回的感受会与阅读前八十回有些差异。整个小说是以贾、史、王、薛四大家族的兴衰作为背景，将贾宝玉和林黛玉、薛宝钗三人的爱情婚姻悲剧作为主线索，描绘出了豪门世族的人情百态，将人性美与悲剧美刻画得淋漓尽致。

那曹雪芹为什么能写出这样的《红楼梦》呢？全部都是作者的虚幻构想吗？当然不是，小说中的许多故事原型其实源于作者当时所处时代的现实生活。《红楼梦》诞生于十八世纪中国封建社会的末期，当时的清政府闭关锁国，表面上看是太平和谐，但内部的各种社会矛盾已经激化，并且加剧发展。可以说当时的社会正处在一个盛极而衰的转折位置。曹雪芹出生在南京，他所在的家族在当时极为显赫，曹家祖孙三代都为朝廷重臣，少年时的曹雪芹也曾过着富贵豪奢的贵族生活。然而，生活总会遇见一些出乎意料的天灾人祸。后来，曹家因亏空获罪，被抄了家。曹雪芹一家被迫迁往北京定居，家道中落的曹雪芹生活穷困潦倒，举步维艰。然而"天将降大任于是人也，必先苦其心志"。

艰难困苦的条件下，曹雪芹呕心沥血，创作出了伟大的《红楼梦》。

　　《红楼梦》是一部长篇小说。而小说是一种能够反映社会生活的文学体裁。小说是以刻画生动的人物形象为中心，通过一系列完整的故事情节、与故事相对应的具体环境的描写，展现出人物深刻的思想感情以及性格特征。

小说的含义及其三要素

小说的组成，依靠三大要素：人物、情节、环境。也就是说一部完整的小说，必须要有对人物的刻画、对情节的描写、对环境的描绘。

小说人物：是小说最为核心的要素。塑造小说中的人物，可以从人物的外貌、动作、语言、心理、神态、细节等方面进行描写与刻画，从而使人物的形象饱满立体，给人留下深刻的印象。

小说情节：人物的性格特征往往是通过一系列的故事情节来展示的，这也是小说的主旨所在。小说情节包括了故事的开端、发展、高潮、结局。

小说环境：小说中的环境包含了社会环境与自然环境，可以是故事发生的具体环境，比如时间、地点、场景等；也可以是故事发生的大时代背景，都是为刻画人物形象、明确故事主题服务的。

金陵十二钗

古典小说的五种形式

《红楼梦》是古代章回体长篇小说。除了章回体小说外，我国的古典小说还有志怪小说、笔记小说、传奇、话本小说等形式。

（1）志怪小说：顾名思义，是一种记录鬼怪神魔的各种奇异故事的小说，流行于魏晋南北朝。当时，侈谈鬼神、称道灵异的社会风气盛行，与之相关的志怪小说也大量涌现，其中比较有名的是干宝的《搜神记》。志怪小说为后世的文学创作提供了丰富的故事素材。

（2）笔记小说：是最早以人物为中心来描写的小说，并且有一定的小说结构，出现于南北朝时期，以鬼神志怪、贵族趣事为主要内容。其中的代表作是刘义庆的《世说新语》。

（3）传奇：这是一种流行于唐宋时期、用文言文创作的短篇小说。它是在志怪小说的基础上发展起来的，取材于现实生活，反映社会矛盾，奠定了小说发展的基础。其中的代表作是晚唐时期裴铏的小说集《传奇》，因此，人们为了纪念他，就用"传奇"二字泛称这一类型的小说。

（4）话本小说：这是说话者的说话底本，包含了讲史与小说两大类。讲史是用较为浅显的文言文讲述历史上的帝王将相的故事；小说是用流行的白话文讲述普通人的故事。宋代的话本小说是我国小说史上第一次将白话文作为小说语言进行创作的小说，使得中国小说进一步通俗化，是小说史上的一大变迁。

（5）章回小说：这是我国古典长篇小说的主要形式。我国的四大名著——《红楼梦》《三国演义》《西游记》《水浒传》，都是章回体小说。它是由宋代的讲史话本发展而来，对于一个较长的故事，说话人往往会分成若干个章节来说完，每次讲的时候，还要用题目向听众揭示这一章节的主要内容，而这里的每一个章节就相当于章回体小说中的一回。

看一眼就记得住的语文学习技巧

小说的分类	按篇幅分类	长篇小说	中篇小说	短篇小说	微型小说
	按内容分类	言情小说	历史小说	武侠小说	科幻小说
		讽刺小说	传奇小说	推理小说	神魔小说
	按体例分类	章回体	书信体	日记体	自传体
	按表现手法分类	浪漫主义小说		现实主义小说	
	按语言形式分类	白话小说		文言小说	

2 我国名著开创了哪些先河

——先来品味登顶浪漫主义小说高峰的《西游记》

"九九八十一归真，西天取经路遥迢。"这句话说的是我国四大名著之一的《西游记》。这是一部深受男女老少喜爱的文学作品，历来就有着良好的群众基础。它不仅是一本有趣益智的课外读物，还

是一本参透人性的生活宝典。小说中那个桀骜不驯、机智勇敢的孙悟空，宅心仁厚、不畏险阻的唐僧，本性善良、好吃懒做的猪八戒，寡言少语、老实憨厚的沙僧，组成了一个不断升级打怪、西去取经的小团队。

唐僧是这个取经小团队中的核心领导者，他不会武功，更不会法术，他就像一只小蚂蚁，随时都有可能被妖魔鬼怪拿捏得死死的。可是，他身上有一种凝聚力，将师徒几人紧密地维系在了一起。就连桀骜不驯的孙悟空都对他言听计从。几个徒弟都心甘情愿地冒着生命危险，时刻保护着他西行取经。当然，如果没有唐僧的坚持，这个取经小团队也很难跨越这九九八十一难的高山，取得最后的真经了。

最受大家喜爱的、神通广大的孙悟空，有着刚正不阿的性格，他敢于抗争，不畏权贵。他是西去征途中降妖次数最多的、也是最为得力的人。面对困难时，他总是奋不顾身、第一个挺身而出；在解决困难时，他又灵活机智，善于整合周边的资源助力自己的降妖事业。可以说，孙悟空就是这个小团队中的骨干成员。

好吃懒做的猪八戒，其实是团队中的润滑剂，是大家的开心果，给大家带来了许多的欢乐。与处处打怪紧绷的情节相比，猪八戒带来欢乐的情节显得轻松诙谐，这二者的关系就像一根皮筋，一张一弛，松紧有度，这也给猪八戒增添了几分可爱的色彩。

沉稳老实的沙僧，在团队中不争不抢，默默无闻，永远都是那个挑担扫尾之人，是一个不可或缺的存在。

各有缺点的师徒四人，成就了一个完美的组合。这就是《西游记》的魅力所在。《西游记》是我国古代第一部浪漫主义的章回体长篇神魔小说，一问世就成为中国神魔小说的经典之作，达到了古代长篇浪漫主义小说的巅峰。基于这样伟大的成就，《西游记》与《红楼梦》《三国演义》《水浒传》并称为中国古典文学的四大名著。它不仅在中国民间广为流传，各种版本层出不穷，而且还被翻译成了多种语言，传向多国，好评如潮，影响了整个世界。

我国文学名著的"第一"汇总

第一部诗歌总集：《诗经》

第一部编年体史书：《春秋》

第一部编年体通史：《资治通鉴》

第一部纪传体通史：《史记》

第一部浪漫主义诗歌总集：《楚辞》

第一部叙事详备的编年体史书：《左传》

第一部国别体史书：《国语》

第一部军事著作：《孙子兵法》

第一部断代体史书：《汉书》

第一部笔记体小说集：《世说新语》

第一部神话色彩的地理志：《山海经》

第一部水文地理专著：《水经注》

第一部科普作品：《梦溪笔谈》

第一部工农业生产技术论著：《天工开物》

第一部农业百科全书：《齐民要术》

第一部体例完备的政书：《通典》

第一部戏曲史：《宋元戏曲史》

第一部药典：《新修本草》

第一部地理书：《禹贡》

第一部哲理散文总集：《吕氏春秋》

第一部语录体散文作品：《论语》

第一部日记体游记：《徐霞客游记》

第一部个人创作的文言短篇小说：《聊斋志异》

第一部志怪小说：《搜神记》

第一部浪漫主义神话小说：《西游记》

第一部章回体历史小说：《三国演义》

第一部长篇讽刺小说：《儒林外史》

第一部描写农民起义的小说：《水浒传》

第一部字典：《说文解字》

第一部词典：《尔雅》

第一部系统的古代文学理论著作：《文心雕龙》

第一部杂文集：《坟》

第一部学术史：《明儒学案》

第一部小说史：《中国小说史略》

第一首长篇政治抒情诗：《离骚》

第一首长篇叙事诗：《孔雀东南飞》

第一首完整的七言诗：《燕歌行》

3 《济南的冬天》告诉你散文的精妙之处

"设若单单是有阳光，那也算不了出奇。请闭上眼睛想：一个老城，有山有水，全在蓝天下很暖和安适地睡着，只等春风来把他们唤醒，这是不是个理想的境界？"这是我国现代著名作家老舍先生笔下的济南，出自他的散文作品——《济南的冬天》。在他的笔下，济南的冬天别有一番风味，像一幅令人艳羡的水墨画。

山东是老舍先生的"第二故乡"，他曾先后在济南齐鲁大学与山东大学任教七年，对山东有着浓厚的感情。这篇《济南的冬天》就是老舍先生1931年春天在济南齐鲁大学任教时创作的。这篇散文一反老舍先生以往厚重、沧桑的现实主义写作风格，用一种自然、清新、轻松的笔调，为我们描绘出了一帧帧济南冬景。

文章中写了济南冬天的阳光、济南的山、济南的雪和济南的水。其中，重点是山与水的描写。例如，"这一圈小山在冬天特别可爱，好像是把济南放在一个小摇篮里，他们全安静不动地低声地说：'你们放心吧，这儿准保暖和。'"老舍先生用比喻和拟人的手法，把围城的小山比作小摇篮，把济南城说成了刚出生的可爱婴儿；随后又将小山拟人化，将小山转变成了保护婴儿的卫士，他们说着温暖的话，人情味十足，着笔之处满是温情。像这样暖心的画面，文章里还有许多，它们无不体现出老舍先生用心营造的一种"温晴"意境。这里的"温晴"，看似是指济南冬天的暖和舒适；实则是作者以这种"温晴"的客观外象，引发了自己内心"温情"的主观感受，透露出了作者热爱自然、热爱生命的高雅生活情趣。

老舍先生不惜笔墨地写景，实际是借着如此"温晴"的冬景，抒发了自己对第二故乡的热爱与赞美之"温情"。这是整篇散文的意蕴，更是整篇散文的核心所在。这就是这篇散文的魅力所在——文章形散却神聚，正向且暖心。

像《济南的冬天》这样优秀的散文还有许多。那什么样的文章才是散文呢？

散文的含义及特点

首先，散文的篇幅都不会很长，比较短小精悍；取材范围非常广泛；体现的形式自由，没有固定的要求；表达含蓄婉转；语言优美雅致；写法也是多种多样，相对灵活；意境深远，通常可以从侧面反映出我们的现实生活。

散文有三大特征：语言精练、意境深远、形散神聚。

语言精练：散文对语言的要求相对要高一些，散文的语言通常精简生动，清新隽永，抒情性较强。有时会诗情画意，有时也会饱含哲理。

意境深远：这里意境中的"意"，是指作者的主观思想感情，"境"是作者笔下描写的客观场景，只有二者有机融合为一体，才能使文章变得含蓄隽永，给读者留下深刻的印象。

形散神聚：这里的"形散"是指散文的表达方式和选材都是灵活自由的，不受约束，但文章所要表达的主题和中心思想一定要集中明确，这就是我们所说的"神聚"。

看一眼必须背会的知识点

写景散文

按照文章的内容，散文可以分为写景散文、抒情散文、叙事散文和哲理散文这四种类型。

写景散文：就是以描写景物为主线的散文。这种类型的散文，通常会借助写景来抒发内心情感，也就是我们常说的写景抒情，或寓情于景。这类散文一般需要抓住景物的主要特征，以时间或者空间的转换为顺序，对景物进行生动形象的描写。同时，需要渲染氛围，烘托出作者的思想感情，从而表达整篇文章的主题。例如老舍先生的《济南的冬天》。

抒情散文

抒情散文：这一类散文以抒发内在情感为主线。它没有贯穿全文的情节，语言生动，情感真挚，通常会用比拟、象征等修辞手法，将思想寓于所描写的对象之中。

抒情散文通常分为三种类型。

借景抒情式散文：这与写景散文不同，这里的景仅是为抒情服务的，并非主线，例如朱自清的《春》。

托物言志式抒情散文：通过对事物的赞美，来表达作者某种美好的志向与情感，例如贾平凹的《一颗小桃树》。

直抒胸臆式抒情散文：开门见山，抒发情感，例如茅盾先生的《白杨礼赞》。

题白杨图
茅盾

北方有佳树，挺立如长矛。
叶叶皆团结，枝枝争上游。
羞与楠枋伍，甘居榆枣俦。
丹青标风骨，愿与子同仇。

叙事散文

叙事散文：这一类型的散文是以记人叙事为主线，并且有着浓厚的抒情色彩。这里对人和事物的叙写是为了突出其特色，并以此表达作者的情感。需要注意的是，叙事散文要求记人叙事必须是真实的，在这基础上抒发自己的真情实感。例如鲁迅的《藤野先生》、吴伯箫的《记一辆纺车》等。

哲理散文

哲理散文：这一类型的散文是以散文的形式来阐明一个观点、道理或者哲理。它通常是从记人叙事中，挖掘出与之相关的大道理，并且做到情理融合、意味深长，给读者带来哲理的启发与情感的熏陶。哲理散文又包含了：经典哲理散文、生活哲理散文、爱情哲理散文和友谊哲理散文。例如严文井的《永久的生命》、毕淑敏的《精神的三间小屋》等。

看一眼就记得住的语文学习技巧

散文	散文的特点	语言精练	意境深远	形散神聚
	散文的分类	写景散文		
		抒情散文（借景抒情、托物言志、直抒胸臆）		
		叙事散文		
		哲理散文（经典哲理、生活哲理、爱情哲理、友谊哲理）		

4 古人的称谓有多讲究？先来读读《三国演义》

　　四大名著之一的《三国演义》，是元末明初的小说家罗贯中创作的一部长篇章回体历史演义小说。这部伟大的文学名著，是根据陈寿所著的《三国志》和裴松之为其所作的注解，吸取三国故事的宋元话本、戏曲，乃至一些趣闻逸事，进行再次加工创作而成的。《三国演义》讲述了东汉末年到西晋初年之间接近一百年的风云历史，展示了这一历史时期的社会巨变，为我们塑造了一个个叱咤风云的三国英雄人物的光辉形象，成为历史文化长河中的一部经典作品。

　　《三国演义》中有名有姓的人物大概有一千一百多人，其中武将大概有四百多人，文官也有四百多人，剩下的人物就是一些皇亲贵族、黄巾起义者、边远少数民族、宦官或者三教九流的各色人物。在如此庞大、纷繁复杂的人物群体中，作者重点描写的人物接近一百位。此外，描写过外形特征的人物也有两百多人。其中，每位重点描写的人物都有着十分讲究的称谓，在人物形象上为读者做了完美解读与区分。

　　《三国演义》中流行的一句话就是："卧龙凤雏得一可安天下。"这里的卧龙、凤雏，指的就是诸葛亮和庞统了。诸葛亮是三国时期一颗耀眼的明星。他字孔明，号卧龙，徐州琅琊阳都（今山东省临山市沂南县）人，是三国时期杰出的政治家、军事家、外交家、发明家、书法家、文学家，在当时有着极强的影响力，被人们称为"卧龙先生"。由于卧龙也称伏龙，所以他又有"伏龙先生"的称号。诸葛亮在世时，曾被封为武乡侯；死后被追谥为忠武侯；等到东晋时他又被追封为武兴王；到唐朝时，被尊为武灵王；到元朝时，被尊为威烈忠武显灵仁济王。所以，武乡侯、忠武侯、武兴王、武灵王、威烈忠武显灵仁济王等称谓，指的都是诸葛亮。诸葛亮在辅佐刘备时，曾是蜀国的军师、丞相，因此，"诸葛军师""诸葛丞相"也是人们对他的敬称。杜甫的作品《蜀相》中，诸葛亮又有了"蜀相"的称谓。三国末期，刘备去世，蜀国开国时的文臣武

将大多都已离世，这时的蜀汉后主刘禅又尊称诸葛亮为相父，蜀国中的大小事务都得指望诸葛亮来处理。

《三国演义》中还有很多精英人士，他们都有着十分讲究的称谓。

例如：关羽又叫关云长，有"武圣""美髯公""关公"之称；

姜维又叫姜伯约，有"幼麟"之称；

许褚又叫许仲康，有"虎侯""虎痴"之称；

吕布又叫吕奉先，有"飞将""温侯"之称；

孙策又叫孙伯符，有"小霸王"之称。

看一眼必须收藏的知识点

古人的姓氏、名、字、号

古人称谓：就是指古人的一些称呼，这与我们现在的姓名还是有一些差别的。我们现代人的姓名就是指姓氏与名字，而且姓名大多都只有一个，基本都是父母起的。而古人的称呼可不仅是姓与名这么简单，它包括姓氏、名、字、号。

古人的姓氏与我们现在的姓氏不同。秦朝之前，姓是族号、氏只是姓的一个分支。秦朝以后，姓氏才合二为一。古人的名，是人在幼年时长辈起的，一般是自称、谦称，或者长辈对晚辈、上级对下级的称呼，平辈间如果二人十分熟悉也可以称名，其他时候都不能直呼其名，这会显得很不礼貌。

古人的字，是在弱冠之年起的，也就是刚成年的时候起的。字

有时是对名的进一步解释与补充，因此也被称为"表字"；字有时也会与名的意思相反。字通常是晚辈对长辈、下级对上级的一种尊称。平辈间称字也是一种礼貌的表现。古人的号，被称为别号或者表号，是自己起的，一般只用于自称，用来显示自己的某种志趣。

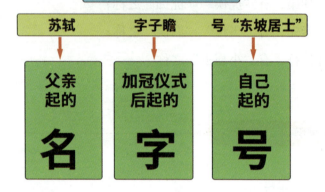

除此以外，古人的称谓还有其他讲究，不同关系、不同身份、不同地位对人的称谓都会有所不同，其中还有许多的规矩。

看一眼必须背会的知识点

古人的各种称谓

《三国演义》中的诸葛亮有这么多的称谓，那么，人们到底怎么称呼他呢？这里也要根据具体的情况来确定。通常情况下，出于对被称呼者的尊敬，大多时候会称呼对方的字、对方的号或者对方的谥号，例如玄德公、东坡先生。而在长辈对晚辈、上级对下级、熟悉的平辈间或用于自谦时，就可以直接称呼其名，例如张飞、曹操。此外，还有称呼官名爵位的，例如杜工部；称呼籍贯的，例如柳河东；称呼郡望的，例如韩昌黎。在唐朝时还流行称呼家族中兄弟间的长幼排行，例如高十七。

看一眼就记得住的语文学习技巧

古文中常见的称谓用语	常见敬称	圣上、圣驾、陛下、天子、殿下、夫子、长者、丈人、大母、泰山、高堂、先妣、先考、君、卿、公、令尊、令堂、令兄、令妹、令爱、令郎、足下等
	常见谦称	朕、寡人、臣、孤、愚、仆、小人、不才、不肖、妾、贱妾、家严、家慈、婢子、舍弟、犬子、小女、弱息、拙荆、鄙人、晚生、息女等
	常见年龄称谓	襁褓、垂髫、孩提、总角、豆蔻、及笄、束发、加冠、成童、花甲、古稀、期颐、耄耋、而立等
	常见礼貌称谓	高寿、高见、惠书、府上、惠存、恭候、奉还等

5 古代的官场制度

——《水浒传》梁山好汉中谁的官职最高?

　　元末明初时期的小说《水浒传》是我国古典四大名著之一，也是我国历史上最早用白话文写成的章回体小说之一。它流传广泛，有扎实的群众基础，受到世人的追捧。同时，它也是我国汉语言文学中具备史诗特征的作品之一，是我国小说创作的典范之作。

　　《水浒传》精彩地讲述了一百零八位梁山好汉从反抗朝廷欺压、不断壮大队伍，到接受朝廷招安、奉旨为朝廷征战，最终消亡的故事。小说通过对梁山兴起与衰败的描写，深刻揭示了当时梁山起义的社会根源，热情歌颂了各位起义英雄英勇斗争的无畏精神。

　　《水浒传》中为什么要写一百零八位好汉呢? 这里的一百零八其实是暗藏玄机的，它正好与天降石碣中自带的一百零八个星宿名一一对应，这正是作者的高明所在。一百零八个星宿中，有三十六个是天罡星，有七十二个是地煞星。例如: 宋江对应的星宿名是天魁星。魁首，即首领之意，宋江正好坐镇梁山的第一把交椅，是众好汉的大哥。李逵是天杀星，符合他勇猛果敢的个性，以至于后来他被宋江下

毒，不得善终，二人一起奔赴黄泉。公孙胜是天闲星，正如星宿名那样，公孙胜天生就是想来即来、来去自由的个性，十分逍遥自在。天伤星是武松对应的星宿名，武松一生充满磨难挫折，最后在奉旨征战时，被砍去一臂，以致伤残。

既然这一百零八个星宿有排序，那么这一百零八位好汉在招安前后，谁的官职又是最大的呢？我们都知道，梁山上的好汉并非一些蛇鼠之辈，其中还有许多有官职之能人，他们为梁山注入了强大的能量。可能许多人会认为官职最高的人应该是天魁星宋江，或者梁山排序靠前的好汉，其实不然。梁山好汉中有人当过节度使、指挥史和安抚史。其中，节度使的官职是最高的。

节度使，在宋朝时是指掌管一州或几州军务大事的地方军政长

官。梁山上义薄云天的美髯公朱仝在受诏平方腊之后，被封为保定府都统制，后来他因为再次立功，又被升为太平军节度使。因此，朱仝算是梁山一百零八位好汉中官职最大的一位了。而朱仝在梁山上仅坐第十二把交椅，对应一百零八星宿中的天满星。除了朱仝以外，坐第八把交椅的天威星呼延灼被封为御营兵马指挥使，指挥使这个官职在节度使之下，是负责指挥独立正规军的高级将领。其次，就是征讨方腊之后坐上头把交椅的天魁星宋江与坐第二把交椅的天罡星卢俊义被封为安抚使，这是负责一个州府行政管理的地方官员。

从《水浒传》中可以看出，我国古代的官阶制度是一个非常庞大的系统，这可不是几句话能说清的。

看一眼就要记住的知识点

秦汉的三公九卿制

早期的秦汉时期，封建王朝就建立了一套有序的官职系统，被称为三公九卿制。最高的领导人当然就是皇帝，其次就是负责军事的太尉、负责治理国事的丞相、负责监督百官的御史大夫这三个官职。在这三者之下，又设置奉常（掌管宗庙礼仪）、郎中令（掌管宫廷侍卫）、卫尉（掌管宫门近卫军）、太仆（掌管皇帝的车马）、廷尉（掌管刑狱司法）、典客（掌管少数民族来朝事宜）、宗正（掌管皇族事务）、治粟内史（掌管租税赋役）、少府（掌管宫廷总务）等九种官职。因此，这样的官职体系被称为"三公九卿"。

看一眼必须收藏的知识点

隋唐以后的三省六部制

从隋唐开始，一直到清朝时期，封建王朝的官阶制度一直都使用三省六部制的体系。最高的统治者依旧是皇帝。天子之下就是负责决策的中书省、负责执行的尚书省、负责审议的门下省。三省之下就是六部：吏部（掌管官吏的任免、考核等），户部（掌管土地、户籍、赋税、财政等），礼部（掌管礼仪、祭祀、科举等），兵部（掌管全国武官选用、兵籍、军令等），刑部（掌管刑法、狱讼等），

工部（掌管工程、营造、水利、屯田等）。到宋朝时，虽然中书省、尚书省和门下省这三省都在，但其主要的职权都转移到了其他的机构，而这三省的长官官职也随之变成了有名无实权的空头官衔。

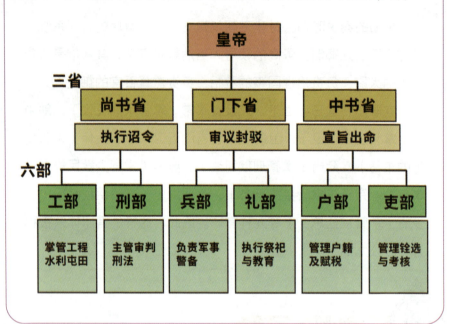

看一眼必须背会的知识点

一些常见的古代官职

丞相：也被称为相国、宰相，是古代辅佐皇帝的最高行政长官。这一官名起源于战国时期，从秦武王开始，就设立了左丞相和右丞相，是百官之长。这一官职曾在许多的文学作品中出现过，例如孟浩然的诗作《望洞庭湖赠张丞相》。

尚书：这一官职始于秦朝，是掌管文书的官员。汉朝时，尚书职位一般设有五人，到隋朝时，设立了六部，是中央的行政机构，尚书就是各部的主官。

三公：这是古代中央掌管军事、政治、监察的最高官职。周朝时就有了三公，只是那时被称为司马、司徒、司空，也被称为太师、太傅、太保。到了西汉末期，三公被称为大司徒、大司马、大司空。东汉到魏晋时，被称为太尉、司徒、司空。等到唐宋时期时，三公虽有保留，但并无实权。

太史：这是西周、春秋时期地位很高的官职，负责起草文书，策命诸侯卿大夫，管理国家典籍、祭祀、天文、历法。到秦汉时期，设立了太史令后，太史掌管的范围逐渐缩小，职位也越来越低了。

看一眼就记得住的语文学习技巧

明清科举	院试	乡试	会试	殿试
参考者	童生	监生	举人	贡士
考中者称谓	秀才	举人	贡士	进士
考试时间	三年两次	子、午、卯、酉年	乡试次年三月	会试同年四月
第一名	案首	解元	会元	状元
第二名	秀才	亚元	贡士	榜眼
第三名	秀才	经魁	贡士	探花

6

古代历法有多考究？先来细品有关二十四节气的诗词

　　"仲春初四日，春色正中分。绿野徘徊月，晴天断续云。燕飞犹个个，花落已纷纷。思妇高楼晚，歌声不可闻。"这是宋朝徐铉的一首有关二十四节气的古诗——《春分日》。古诗描写的是：二月初四这天，是美好的春分时节，春分正好是处于春季的中间。夜晚，月亮高悬，月光洒遍了绿色的原野。晴空中飘浮着一些云彩，燕子一只只飞走，处处落英缤纷。高楼上有一位思念丈夫的妇人在晚间吟唱，歌声缠绵，奈何歌声悲伤，不忍卒听。

我们都知道，春分是我国二十四节气中重要的日子，它是二十四节气中的第四个节气，通常在农历的二月中下旬。春分的含义就是昼夜平分，它象征着一种春耕的希望。

在我国众多经典的古诗词中，还有许多诗词的内容与我国的二十四节气相关。例如陆游的《木兰花·立春日作》是写于立春；韩愈的《早春呈水部张十八员外》是关于雨水的；朱熹的《春日》是关于春分的；杜牧的《清明》是关于清明的；范成大的《晚春田园杂兴》是关于谷雨的；齐己的《城中晚夏思山》是关于立秋的；李白的《北风行》是关于大雪的等。因此，我们要学好这类古诗词，首先要了解清楚我国古代的天文历法。

看一眼必须收藏的知识点

二十四节气的含义

二十四节气是我国古代历法的重要组成部分，是我国农历中的重要时节。根据太阳在一年的时间内位置变化而引起的地面气候的演变次序，将一年三百六十五又四分之一的天数，分成了二十四段时间，平均分列在十二个月份之中，用来反映和总结四季、气候变化等现象。处于月首的，被称为节气；处于月中的，被称为"中气"。

二十四节气是每个月里有两个节气，它们分别是：一月的立春、雨水；二月的惊蛰、春分；三月的清明、谷雨；四月的立夏、小满；五月的芒种、夏至；六月的小暑、大暑；七月的

立秋、处暑；八月的白露、秋分；九月的寒露、霜降；十月的立冬、小雪；十一月的大雪、冬至；十二月的小寒、大寒。

为了方便记忆，我们还有一首专门的二十四节气歌谣。歌谣里这样写道："春雨惊春清谷天，夏满芒夏暑相连；秋处露秋寒霜降，冬雪雪冬小大寒。"

看一眼就要记住的知识点

天干与地支

我国古代一直使用的历法是农历，它是一种干支纪年法。这里的"干"，是"天干"的意思。天干一共有十个，分别是：甲、乙、丙、丁、戊、己、庚、辛、壬、癸。这里的"支"，则是"地支"的意思。地支有十二个，分别是：子、丑、寅、卯、辰、巳、午、未、申、酉、戌、亥。干支两两相配，作为年、月、日的序号，就组成了我们古代的干支纪年法。例如甲子年庚申月丁酉日等。干支纪年法以每六十年为一个循环，因为十个天干与十二个地支，可以组合成六十个不同序号的纪年。

六十甲子	甲子	乙丑	丙寅	丁卯	戊辰	己巳	庚午	辛未	壬申	癸酉
	甲戌	乙亥	丙子	丁丑	戊寅	己卯	庚辰	辛巳	壬午	癸未
	甲申	乙酉	丙戌	丁亥	戊子	己丑	庚寅	辛卯	壬辰	癸巳
	甲午	乙未	丙申	丁酉	戊戌	己亥	庚子	辛丑	壬寅	癸卯
	甲辰	乙巳	丙午	丁未	戊申	己酉	庚戌	辛亥	壬子	癸丑
	甲寅	乙卯	丙辰	丁巳	戊午	己未	庚申	辛酉	壬戌	癸亥

看一眼必须背会的知识点

古人的纪时法

我们都知道，一天有二十四小时，可在古代，古人们把一天平均分成了十二个时辰，即一个时辰相当于我们现在的两个小时。古人用十二地支来表示这十二个时辰的变化，这十二个时辰还有各自的名称。它们是：夜半、鸡鸣、平旦、日出、食时、隅中、日中、日昳、哺时、日入、黄昏、人定。

在一些古代文学作品中，我们还经常看见"更""鼓"等纪时术语。"更"，是指古人们把夜晚的时间分成了五个时段，并用击鼓的方式来打更报时，其中的每一个时段被称为"一更"或者"一鼓"，例如三更、五鼓等。

看一眼就记得住的语文学习技巧

古代地支纪时法	子时、夜半	23：00－1：00	丑时、鸡鸣	1：00－3：00
	寅时、平旦	3：00－5：00	卯时、日出	5：00－7：00
	辰时、食时	7：00－9：00	巳时、隅中	9：00－11：00
	午时、日中	11：00－13：00	未时、日昳	13：00－15：00
	申时、哺时	15：00－17：00	酉时、日入	17：00－19：00
	戌时、黄昏	19：00－21：00	亥时、人定	21：00－23：00

古代计时单位	19：00－21：00	黄昏	一更	一鼓	甲夜
	21：00－23：00	人定	二更	二鼓	乙夜
	23：00－1：00	夜半	三更	三鼓	丙夜
	1：00－3：00	鸡鸣	四更	四鼓	丁夜
	3：00－5：00	平旦	五更	五鼓	戊夜

第六章

如何快速提升阅读能力

——吃透阅读理解是关键

1 怎样阅读记叙文？先来品析鲁迅先生的《故乡》

　　《故乡》是我国现代文学家鲁迅先生的一篇经典短篇小说。鲁迅先生曾在《我怎么做起小说来》中写道："我的取材，多采自病态社会中不幸的人们，意思是在揭出病苦，引起疗救的注意。"因此，鲁迅先生的大部分作品，都是从自己丰富曲折的人生历程中取材的，《故乡》这一作品也不例外。据《鲁迅日记》中的记录，鲁迅先生在1919年卖掉浙江绍兴老家的祖屋，同年买了北京城区的房子。那一年的12月，鲁迅先生最后一次回到绍兴老宅，接自己母亲等家人到北京生活。这最后一次回故乡，鲁迅先生在那里住了二十多天的时间。正是这二十多天在故乡的见闻，促使鲁迅先生提笔创作了《故乡》。

　　《故乡》是以第一人称"我"的视角来描写的，整篇文章以"我"回到绍兴老宅为主要线索，描绘了"我"回故乡、在故乡、离故乡的所见所闻、所思所想，给读者留下了深刻的印象并且带来了极其深远的影响。文中重点刻画的人物形象有两个，一个是闰土，另一个是杨二嫂。这两个人物都是受封建社会传统观念禁锢、压迫的穷苦百姓形象的代表。当时社会正处于辛亥革命后百业待兴、农村破产的低迷时期，农民的生活苦不堪言。

　　文中的第一部分，主要描写了"我"回故乡。二十多年再次回到故乡时，眼前萧条、荒凉的景象，给"我"带来了无限的凄凉之感。"我"禁不住发出了悲凉感叹："阿！这不是我二十年来时时记得的故乡？"

　　文中的第二部分是全文的重点，主要描写了"我"在故乡。在这一部分中，作者描绘了自己记忆中少年闰土的形象。少年时的闰土，聪明、活泼、勇敢，并与"我"度过了许多美好的童年时光。可是，二十多年后再次相见时，闰土早已变成一个拘谨生疏、老实迂腐的农民。他被混乱的社会、艰辛的生活压弯了脊背、磨平了心性，成为动荡时局与封建思想共同作用下的产物——木偶人，他拘谨地称呼"我"为老爷。

"我"当时的反应是："我似乎打了一个寒噤；我就知道，我们之间已经隔了一层可悲的厚障壁了。我也说不出话。"

此外，作者在这一部分里还刻画了杨二嫂的人物形象。这是一个尖酸刻薄、自私且爱占小便宜的农村妇女。然而，这样一个农村妇女曾经还是当地美丽的"豆腐西施"，可惜她生不逢时，不论自身拥有再好的条件，也抵不过动荡社会环境对她的腐蚀。几十年的风吹雨打，改变了她的容颜，使她变成了一个"擦着白粉，颧骨高，嘴唇薄，有着圆规式的姿势"的自私抠门、尖酸刻薄的农村妇人。鲁迅先生的笔墨犀利、细腻，对人物的把握精准到位，给读者留下了十分深刻的印象。

第三部分，描写"我"离开了故乡。当时的社会是残酷的，它压迫浸染着其中的每一个人，同时又改变着每一个人，随着年龄的增长，每个人都从不谙世事的天真少年，慢慢变为老成持重的成年人，岁月磨平了每一个人原有的棱角，让我们真正理解了什么叫平凡的人生。于是，人生伟大的智慧便由此而生：当我们了解世间的真相，依旧不退缩，依旧对生活充满了希望——"我想：希望是本无所谓有，无所谓无的。这正如地上的路；其实地上本没有路，走的人多了，也便成了路。"

我们可以看出，鲁迅先生《故乡》这篇文章是按照回故乡、在故乡、离故乡这三个部分来写的，因此，我们就可以根据文章地点的转换来划分文章的层次。除此以外，记叙文还有哪些划分层次的方法呢？

看一眼必须收藏的知识点

如何划分记叙文的层次？

（1）根据文章"总分总"的结构方式来划分：许多记叙文的结构方式是总分总，我们可以依据这种结构特点来划分层次。例如《回忆我的母亲》一文，就可以划分为：第一部分是概述"我"对母亲的思念之情；第二部分回忆母亲是怎样勤劳地度过一生；第三部分与开头呼应，再次讲述"我"对母亲深深的怀念。

（2）根据文章时间的先后顺序来划分：这种划分方法主要应用于时间线比较明显的记叙文。我们可以找出其中表示时间变化的重要词语，来划分出不同时段的层次。例如《观潮》一文，我们就可以根据"潮来前""潮来时""潮来后"的时间顺序来划分层次。

（3）根据文章思想感情的变化来划分：一些记叙文是以人物思想感情的变化为主要线索，那么我们就可以根据某个人物思想感情变化的线索，划分整篇文章。例如《荔枝蜜》一文，我们就可以根据作者对蜜蜂的情感变化（不太喜欢蜜蜂——想去看看蜜蜂——赞赏蜜蜂——梦见自己也成了一只小蜜蜂）来划分文章。

（4）根据文章地点的转换来划分文章的层次。例如：鲁迅先生的《故乡》。

如何把握记叙文的中心思想？

概括记叙文的中心思想是有章可循的，通常会有以下三种方法。

（1）标题分析法：标题往往是文章主题的高度概括，是一扇向读者敞开的窗户，读者可以通过文章的标题，大致了解文章的主要内容。因此，我们可以通过分析文章的标题，来把握文章的中心思想。例如《黄河颂》一文，我们通过标题就能确定这篇文章的中心思想是歌颂黄河。

（2）关键句分析法：记叙文中常常会有一些具有画龙点睛作用的关键句，也被称为中心句。这些关键句有的是议论句，有的是抒情句，它们正是文章的核心所在，我们可以根据这些句子来分析文章的中心思想。例如《乡下人家》一文，文中出现了关键句："乡下人家，不论什么时候，不论什么季节，都有一道独特、迷人的风景。"我们从关键句中就可以分析出这篇文章的中心思想：文章通过对乡下人家独特、迷人风景的介绍，表达了作者对乡下人家的喜爱与赞美之情。

（3）结尾分析法：在许多记叙文里，作者会将重点放在文章的末尾来阐述，以起到升华主题的作用。因此，我们可以根据文章的结尾部分，分析出文章的中心思想。例如《回忆我的母亲》的结尾处这样写道："我将继续尽忠于我们的民族和人民，尽忠于我们的民族和人民的希望——中国共产党，使和母亲同样生活着的人能够过快乐的生活。"我们便可以得出文章的中心思想：作者通过讲述自己要如何报答母亲的恩情，表达了自己对党、对母亲深沉的爱。

看一眼就记得住的语文学习技巧

概括记叙文的中心思想	阐述格式	本文描写了……的故事（景物、事件），表现了（反映了、歌颂了、批判了）……的思想（精神、本质），抒发了作者……的感情
	注意事项	需要透过现象看本质
		不能断章取义、以偏概全
		语言精准、全面、严谨

2 高效阅读说明文必备的功力

　　《中国石拱桥》是一篇介绍我国古老石拱桥的说明文。作者通过对多座古老石拱桥的描写与分析，凸显了我国古代桥梁建造事业的伟大成就以及其独特的东方魅力。这是一篇结构分明的说明文，从文章的内容分析，我们可以将文章分为以下三个部分来理解。

　　第一部分介绍了石拱桥悠久的历史与鲜明的特点。在这一部分中，作者对石拱桥的历史发展做了大致的介绍。随后，作者还对石拱桥的整体结构特点、外形的美学效果、建造工艺、人才技术的需求、文化内涵又进一步进行阐述。通过阅读第一部分对石拱桥整体情况的概述，读者了解了中国石拱桥的宏观发展的概况。

　　第二部分是对多个石拱桥的具体描绘与分析。有了宏观的概述

后，作者接着对多个著名石拱桥进行了具体的描绘。其中包含了旅人桥、赵州桥、卢沟桥等。作者在对这些石拱桥进行描绘的同时，分析了它们的建造历史背景、结构特色、文化内涵以及它们给整个社会带来的文化影响与文化价值。在这一部分，作者为读者展示了我国石拱桥许多优秀的构造细节及其价值。

　　第三部分总结了中国石拱桥的实用价值与伟大的意义。作者认为石拱桥不仅仅是我国古代建筑文化中的一个非常重要的组成部分，它还是我国优秀传统文化的象征与典范。它体现出我国几千年传统文化的精髓，是我国劳动人民伟大智慧的结晶。同时，作者高声呼吁大家要珍爱这些宝贵的传统文化遗产，在守护这些珍贵国宝的同时，传承并弘扬我们的优秀传统文化。

说明文常见的三种说明顺序

我们阅读说明文的关键，就是要弄清楚说明文的说明顺序。常见说明文的说明顺序有以下三种类型。

（1）按照说明的逻辑顺序：这是一种按照我们说明对象的内部逻辑顺序或者人们认识这一说明对象的过程的说明顺序。这种说明逻辑又有五种不同的情况：由现象到本质、由概括到具体、由主要到次要、由原因到结果、由整体到部分。例如《中国石拱桥》这篇文章的说明逻辑顺序，可以是由概括到具体，也可以是由整体到部分。

（2）按照事物发展变化的时间顺序：这是一种以时间先后作为说明的顺序，在这一类的说明文中，我们可以经常看见年、月、周、日、时、早、晚、世纪、时代、朝代、周期等一些表示时间性质的词语。例如《蝉》一文，就是根据蝉从蝉卵孵化、变成幼虫、生长蜕皮、钻入土里等一系列的时间变化顺序来进行说明描写的。再如《从甲骨文到缩微图书》一文，也是根据书籍演变的时间顺序，来进行说明的。

（3）按照事物发展变化的空间顺序：这一类说明文常常用于介绍相对静止的事物或者内部构建比较庞大、复杂的事物，我们可以根据事物的空间存在的形式，对它按照从上到下、从外到内、从前到后等空间变化的顺序进行说明。例如《故宫博物院》这篇文章，就是按照由南至北的空间顺序，对故宫博物院进行说明描写的。

说明文常见的五种说明结构

一篇优秀的说明文，应结构分明，利于读者理解与分析。我们常见说明文的说明结构有以下五种类型。

总分式结构：这是我们经常可见的一种说明文结构。这里的"总分式"只是一个统称，具体的还可以分为总分式、分总式、总分总式。例如《中国石拱桥》就是一篇采用总分总式结构的文章；《苏州园林》则是一篇采用总分式结构的文章。

递进式结构：这种说明结构是按照说明对象由现象到本质、由浅入深、由表及里等方式，对事物进行层层递进地分析与说明。我们通常用到的递进式结构的说明形式主要有：原因——结果、现象——本质、主要——次要等。例如《向沙漠进军》一文就是按照为什么要向沙漠进军——如何向沙漠进军——展望向沙漠进军的前景的顺序，层层递进，叙述全文。

连贯式结构：这种说明结构是根据事物发展的时间、过程、条件、因果等关系来安排各个层次，起到前后之间相互承接的作用。例如《蝉》一文，就是按照蝉生长发展的各个连贯的阶段来进行说明描写的。

并列式结构：这种说明结构适用于文章各部分内容没有主次或者轻重之分，各个层次之间的关系是平等的、并列的说明文。例如《论读书》这篇文章，就从三个并列关系的层次进行描写：读书的目的、读书的方法、读书的好处。

对照式结构：这种结构方式是指作者在文中提出中心要点后，从正面与反面两个方向，对这一中心要点进行对照说明，从而说明其中一方的正确性，另一方则是起对比作用的陪衬。

看一眼**必须背会的知识点**

说明文常见的说明方法

说明文有一些常用的说明方法，我们可以通过学习这些说明方法，了解它们的具体功用，这对我们理解说明文起着十分重要的作用。常见的说明方法有下定义、举例子、作引用、作比较、打比方、列数字、列图表、作假设、作诠释、分类别、引资料、摹状貌等。其中，重要的说明方法有六种：举例子、打比方、分类别、作比较、列数字、下定义。

举例子：在说明文中，选用说明事物中比较典型、具体的例子，来说明事物的特点、规律、性质等，目的是将复杂抽象的说明对象变得通俗易懂。例如《中国石拱桥》一文中，就列举了卢沟桥、赵州桥等具有代表性的例子来介绍我国古代的石拱桥。

打比方：在说明文中，使用一些人们熟悉的事物来介绍与其有着相似特点的、人们比较陌生的事物，从而增强说明事物的生动性与形象性。例如《中国石拱桥》一文中写道："石拱桥的桥洞呈弧形，就像虹。"作者用打比方的说明方式，把弧形的石拱桥，比作美丽的彩虹，生动形象地说明了我国古代石拱桥的优美外形。

分类别：在说明文中，我们可以根据事物的特征，将它们按照一定的标准，比如形状、成因、作用、性质等进行分类，并逐一加以说明。这样的说明方法，可以使文章的条理变得更加清晰，让读者一目了然。例如在《向沙漠进军》一文中，作者就把风沙的进攻方式分成了游击战与阵地战，然后再逐一进行说明介绍。

作比较：这是将两种类别相同或者不同的事物、现象进行比较，从而说明事物特征的方法。人们通常会选用一些具体或者熟悉的事物与说明对象进行比较，让读者通过比较得到鲜明且具体的印象。这里的比较方式可以是横向比较，也可以是纵向比较，可以是同类相比，也可以是异类相比。例如在《苏州园林》一文中，作者就将苏州园林与北京园林进行了比较，凸显了苏州园林"极少使用彩绘"的特点。

列数字：在说明文中，作者为了使说明的事物具体化、准确化，通常会对事物的数量或者数量的变化采用列数字的方法，引用一些准确非估计的数字来说明，这种方式能客观反映事实，具有较强的说服力。例如《中国石拱桥》中写道："桥长265米，由11个半

圆形的石拱组成，每个石拱长度不一，自16米到21.6米。桥宽约8米……"作者就使用了一系列准确的数字，来说明石拱桥建造的专业程度。

下定义：这是一种对事物本质进行简明扼要概括或用科学术语对某一事物内涵进行定义的说明方法。例如《大自然的语言》一文中就使用了下定义的说明方法——"例如秋冬之交，天气晴朗的空中，在一定高度上气温反比低处高。这叫逆温层。"

看一眼就记得住的语文学习技巧

	三种说明顺序	按照说明的逻辑顺序	按照事物发展变化的时间顺序	按照事物发展变化的空间顺序
阅读说明文	**五种说明结构**	总分式结构 （总分式、分总式、总分总式）		
		递进式结构 （原因——结果、现象——本质、主要——次要等）		
		连贯式结构		
		并列式结构		
		对照式结构		
	常见说明方法	下定义、举例子、作引用、作比较、打比方、列数字、列图表、作假设、作诠释、分类别、引资料、摹状貌等		

阅读议论文有妙招

——先来品析培根的《谈读书》

世界各地人们的生活方式不同，价值观念也有很大的差异，但"读书能使人进步"却是世界上绝大多数人都认同的一种观点。"读书"一事，在人类的发展史上起着不可小觑的推动作用。《谈读书》是英国哲学家弗朗西斯·培根的代表作品之一，已被翻译成了多种语言，将其对"读书"的观点传播至世界各地。

在《谈读书》一文中，作者阐明了自己对读书一事的种种观点，并从三个方面进行了论述：读书的目的有消遣、装饰、增长才干；读

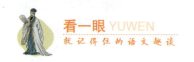
书的方法有浅尝、吞咽、咀嚼；读书的作用是塑造人的品性，提升人的精神世界，改变人的认知维度。作者引导人们如何选择正确的读书方法，如何明确读书的目标，促使人们养成热爱读书、阅读好书的良好习惯。

文中写道："天生才干犹如自然花草，读书然后知如何修剪移接。"这里，作者运用了比喻论证，他用"自然花草"比喻"天生才干"，用对野生花草的"修剪移接"比喻人们的"求知学习"，用生动形象的比喻论述了"读书足以长才"的观点，使论述的观点变得通俗易懂。此外，作者还把书籍比作食品，然后运用品尝食品的一系列动作（浅尝、吞咽、咀嚼）来比喻读书的三种不同方法，用日常生活中的三种习惯动作将三种不同的读书方法生动形象地描述清楚。

文中还使用了对比论证的方法。文中写道："狡黠者鄙读书，无知者羡读书，唯明智之士用读书。"这里的"鄙""羡""用"三个动词，通过相互对比，准确地反映出了不同类型的人们对待学习的不同态度与心得，从而说明了学习的目的是增长见识、学以致用、提升个人的素质修养。

除了比喻论证、对比论证以外，作者在文中还运用了归纳论证的方法，这是一种通过对多个事理的论证阐述，最后归纳出它们共有特性的方法。文中写道："读史使人明智，读诗使人灵秀，数学使人周密，科学使人深刻，伦理学使人庄重，逻辑修辞之学使人善辩：凡有所学，皆成性格。"这里，作者提到了"读史""读诗""数学""科学""伦理学""逻辑修辞之学"，运用了排比的修辞手法，并且加以归纳总结，最后得出了"凡有所学，皆成性格"的结论。因此，我们可以看出，归纳论证是指将各层论点的共有特性归纳出来，最终得出结论。文章的末尾处还写道："如此头脑中凡有缺陷，皆有特药可医。"这同样也是对全文的一种归纳总结。

阅读议论文的步骤

阅读议论文的方法是有章可循的，只有掌握了正确的阅读方法，我们才能高效阅读议论文。

首先，我们需要通读全文，找出论点。一篇议论文，无论它议论的方式是立论、驳论或是立论、驳论相结合，文章都会有明确的论点。这是文章的核心所在，也是文章的灵魂。它是作者关于论述问题的观点或者见解。一篇议论文往往只有一个中心论点，但会有几个分论点，这些分论点是为了证明或者补充中心论点。因此，我们只有准确把握文章的中心论点，才能进一步了解文章需要解决的问题，以及作者据此提出的见解。

中心论点通常有三个特征：完整的句子、明确的判断、作者完整的观点。那我们怎么确定议论文的中心论点呢？找出议论文的中心论点通常有三种方式：在文章的题目中寻找中心论点；寻找正文的开头、议论过程、结尾处关于主题的重要句子，从而总结出中心论点；通过分析文章内容，归纳出文章的中心论点。

其次，我们需要精读全文，分析论据。一篇议论文有了论点，还需要用论据来作为支撑论点、使论点立足的材料。同时，论据还是作者证明论点正确的依据和理由。如果没有论据的支撑，论

点即使正确深刻，也很难被人们接受。简单地说，一个看法或者观点再怎么正确，如果没有建立在既有事实的基础上，就是空口白话。想要使人信服，那必须要能拿出与之相关的事实证据，这就是论据与论点的关系。

论据通常分为事实论据与道理论据。事实论据，就是一些典型的事件、一些可靠的史实、一些准确的统计数字等。事实论据必须要真实、准确，要与论述的观点统一，并且还要有一定的代表性，能反映出一定的客观规律，这样才能使议论更具说服力。道理论据，包括一些格言、谚语、科学定义、科学原理、科学定律、科学公式、检验事实的真理等。道理论据通常使得议论更为深入、有力，增强其说服力。

最后，我们需要分析出文章的论证方法。论证方法是指在使用论据证明论点正确的过程中，作者所采用的各种方法。这里我们需要注意区分论证方法与论证方式。论证方法是指议论文中具体使用的各种方法；而论证方式，则是指议论文采用论证的基本形式，大致可以分为立论与驳论这两大类。

看一眼 必须背会的知识点

议论文常见的论证方法

（1）比喻论证：这是一种使用具体比喻来论证抽象事物的论证方法。这种方法能将抽象的事物阐述得生动、具体、形象，把抽象的道理讲解得通俗易懂，使议论文变得生动风趣，给读者留下深刻的印象。例如《谈读书》一文中写道："天生才干犹如自然花草，读书然后知如何修剪移接。"这里，作者用"自然花草"比喻"天生才干"，用对野生花草的"修剪移接"比喻人们的"求知学习"。

（2）对比论证：这是一种将两种完全相反的观点或者两种完全对立的事物，放在一起进行比较的论证方法。例如《谈读书》一文中写道："狡黠者鄙读书，无知者羡读书，唯明智之士用读书。"这里的"鄙""羡""用"三个动词就是通过对比论证的方法，准确地反映出了不同类型的人们对待读书的不同态度与心得。

（3）举例论证：这是一种选用具有代表性的、经典的事例来证明论点的论证方法。例如《怀疑与学问》一文在举例时列举了程颐和张载两位古代大学问家的经验之谈。

（4）道理论证：这是一种通过讲道理，引用经典名著见解、古今中外名人名言，列举世人公认的科学原理、科学定理、科学公式等来证明观点的论证方法。这样的论证方法，因列举的论据具有权威性，使得文章的论证更具有说服力。例如在《怀疑与学问》一文中，作者就引用了孟子的名言——"尽信书则不如无书"。

（5）类比论证：是指使用与论证的事物类似的另一

个事物，与论证的事物进行同类比较，用一个事物的正确与否，来证明另一个事物的对错。简单说，就是通过两个事物的同类比较，来论证事物观点的对错。例如在《发问的精神》一文中，作者列举了牛顿、瓦特、孔子等人宝贵的发问精神，然后再将他们与普通人进行了类比，论证了发问的重要性。

看一眼就记得住的语文学习技巧

五种论证方法答题格式	比喻论证	把……比作……，形象生动地论证了……
	对比论证	通过……和……的对比，突出地论证了……
	举例论证	通过列举……的例子，充分准确地论证了……
	道理论证	通过引用……，使……的论证更加深入
	类比论证	通过……与……的类比，突出地论证了……

4 如何快速提升阅读小说的能力？从《孔乙己》一文中受到启发

　　《孔乙己》是鲁迅先生小说作品的代表作之一。这篇小说于1919年4月发表在《新青年》杂志上。当时还是五四运动的前夕，中国几千年的封建帝制虽然被推翻了，但封建势力仍统治着整个中国，人们受封建主义思想禁锢着。受到十月革命的影响，当时的中国已经萌发了勇于抨击黑暗的社会现实的新文化力量。鲁迅先生就是其中的骨干成员，他将手中的笔作为抗争的武器，用犀利、清醒的语言，向黑暗的社会现实发起了最为猛烈的反攻。

　　在这样的时代背景下，鲁迅先生先后发表了《狂人日记》《孔乙己》这两篇白话文小说，向黑暗的社会现实吹响了进攻的号角。在这之前，我国的文章主要以文言文的形式为主。而《狂人日记》《孔乙己》的出现，代表了新文化力量的崛起。其中，《孔乙己》这一篇白话小说，表达了鲁迅先生对封建科举制度毒害人们思想的控诉，和对社会现实的讽刺。

　　《孔乙己》这篇小说为什么能给读者留下深刻的印象呢？主要在于鲁迅先生准确、形象地刻画了孔乙己这一个人物形象，并且具有时

代的代表性。从文中对孔乙己的描述，我们可以看出，孔乙己是一个可怜的矛盾统一体。他喜欢穿着破旧长衫站着喝酒。即使身无分文，他也始终认为自己是穿长衫的文人。自身的矛盾性让这样一个经济地位低下，且又不愿脱去长衫的穷酸文人给人留下了迂腐穷酸的印象。

孔乙己是一个内心善良的人，无论"我"的面孔多么冷漠，他也会认真地教"我"认字；无论他囊中多么羞涩，他也愿意将自己那一小碟的茴香豆子拿出来，与孩子们分享。同时，孔乙己身上还有着四重矛盾：他内心渴望着自己逾越"曲尺柜台"所筑建的无形的阶级高墙，不愿脱去破旧长衫，他内心渴求的物化与精神追求发生错位；他识字懂文，却无法谋生；他身材高大、四肢健全，却懒惰贫穷；他顾惜自己的颜面，不喜欢拖欠酒钱，同时又好吃懒做，小偷小摸。作者正是通过这四重矛盾的描写，为我们塑造了一个封建思想文化浸染下的畸形人物形象。

孔乙己是被自己追求的梦想扼杀掉的，他的故事让我们看见了可怜之人必有可恨之处；让我们看见了一颗纯真善良的心，在当时的社会环境中显得如此的苍白无力与弱小滑稽。这正是鲁迅先生创作这篇悲剧小说的高级之处——毁掉美好的事物，让读者心碎。

我们阅读小说的意义，在于挖掘小说的主题。因为作者笔下的小说，往往反映了现实的社会生活，而小说的主题则是作者对现实生活本质的揭示与高度概括。小说中无论是情节的设计、人物的塑造，还是环境的描写，都是为了小说主题服务的。我们只有抓住了小说的主题，才能更好地理解作品。

看一眼必须收藏的知识点

如何挖掘小说的主题？

那如何才能挖掘小说的主题呢？可以通过以下三种方法。

（1）分析小说的标题：许多小说的标题就是小说的一扇窗户，通过分析这些小说的标题，我们可以大致了解小说的主要内容或者主要的写作方向。因此，我们可以通过分析小说的标题来挖掘小说的主题。

（2）分析小说中的人物形象：人物形象的刻画是小说创作的核心所在。小说中的人物形象的刻画，与小说的主题息息相关。因此，我们可以通过分析人物形象，厘清人物之间各种错综复杂的社会关系，从而挖掘小说的主题。例如鲁迅先生的《孔乙己》一文，作者就通过刻画孔乙己好吃懒做、自命清高、穷酸迂腐的

人物形象，揭露了封建科举制度对广大底层知识分子的毒害。

（3）结合小说的时代背景、典型环境的描写、作者创作的意图以及思想观点等，挖掘小说的主题。例如鲁迅先生的《故乡》一文，是在1921年1月创作的，当时正值中国农村经济滞缓衰弱之际。因此《故乡》一文的主题，反映了辛亥革命后，我国农村经济破败的社会现实，表达了作者渴望改造旧社会、创造新生活的美好愿望。

看一眼**必须背会的知识点**

小说的阅读步骤

我们在阅读小说时，要按照一定的阅读步骤来进行，这样可以帮助我们高效地理解小说作品，也可以提高我们的阅读能力。阅读小说的步骤，通常有以下四步。

第一步：弄清楚故事情节。我们可以根据小说的开头——发展——高潮——结局的脉络，来通读小说，厘清小说的故事情节，并且弄清楚小说结构的特点，以便于我们把握小说的主要内容。例如《我的叔叔于勒》一文，其情节就是按照"盼于勒（开头）——赞于勒（发展）——遇于勒（高潮）——躲于勒（结局）"的脉络来创作的。

第二步：分析人物形象。在弄清楚故事情节之后，我们便可以从故事情节着手，进行人物形象分析。我们可以通过小说中人物的具体描写来分析人物，也可以将人物放至故事背景下各种错综复杂的社会关系中进行分析。

第三步：挖掘小说主题。我们可以根据小说的人物、情节、环境，再结合上述挖掘小说主题的三种方法，准确把握小说的主题，把握住小说的灵魂所在。

第四步：品析小说的创作特色。一篇好的小说，会有许多值得借鉴与学习的地方。比如小说中的艺术表现手法、小说中的一些金句、小说中的一些布局方式等。

我的叔叔于勒

莫泊桑

看一眼就记得住的语文学习技巧

小说标题 八大作用	1. 概括文章的主要内容
	2. 概括文章主要的人物形象
	3. 交代文章的主要事件
	4. 点明文章的主要线索，贯穿全文
	5. 设置悬念，吸引读者的注意力
	6. 具有比喻、象征意义
	7. 揭示小说的创作主旨，深化主题
	8. 交待小说的创作背景

第七章

轻松吃透文言文，

出口成章变翘楚

"爷娘闻女来，出郭相扶将；阿姊闻妹来，当户理红妆；小弟闻姊来，磨刀霍霍向猪羊。开我东阁门，坐我西阁床。脱我战时袍，著我旧时裳。当窗理云鬓，对镜帖花黄。出门看火伴，火伴皆惊忙：同行十二年，不知木兰是女郎。雄兔脚扑朔，雌兔眼迷离；双兔傍地走，安能辨我是雄雌？"这是我国南北朝时期广为传唱的乐府民歌《木兰诗》中的诗句。《木兰诗》是一篇叙事民歌，也是一篇乐府诗歌。它讲述了一位名叫木兰的姑娘女扮男装，代父从军，征战沙场，最后凯旋，辞官回家的故事。

这首民歌，经过长期的流传，文中留有文人润色的痕迹，全诗采用了顺序的手法描写，一共分为六个部分，从木兰准备代父从军到凯旋，故事的时间跨度有十多年之久。本文开篇引用的诗句正是《木兰诗》的第六段。这段以铺叙之笔，写出了木兰还家与亲人团聚时的喜悦场景。"爷娘闻女来，出郭相扶将；阿姊闻妹来，当户理红妆；小弟闻姊来，磨刀霍霍向猪羊。"为了迎接木兰回家，全家人幸福地忙碌起来，将喜悦的氛围推至高潮。这里需要注意的是："爷娘"变得不再年轻，二人需要相互搀扶出门迎接女儿的回归；阿姐已经变成了一个大姑娘了，可以盛装打扮，隆重地迎接妹妹的回归；小弟也已经长大，有劲儿宰杀猪羊，喜迎姐姐归来，小弟努力磨刀干活儿的样子也再次将喜庆的氛围拉满。

一家人团聚，不仅家人激动欢喜，木兰也是十分兴奋欢喜。文中写道："开我东阁门，坐我西阁床。脱我战时袍，著我旧时裳。当窗理云鬓，对镜帖花黄。"从这几句诗句中，我们可以感受到木兰恢复女儿身份的快乐。终于回到了她十二年都没有进入的闺阁，她打开阁门，坐在自己以前的那张床上，脱掉自己的战袍，换上了自己以前的女儿衣装，面对窗户整理自己的发饰，对着镜子为自己贴上花黄。值得我们注意的是：这里的"帖"字，它并非"字帖"之意，而是"贴上"的意思。它是一个通假字，通假的本字是"贴"，因此这里的"帖"字的读音也是tiē。"帖花黄"也就是"贴花黄"，指女性在面额上贴花涂黄，这是当时社会女性十分流行的妆容打扮。

"出门看火伴，火伴皆惊忙：同行十二年，不知木兰是女郎。"在我国南北朝时期，当时国家的士兵制度是十个人为一火，而"火伴"就是同火的士兵。换好女儿妆容的木兰，走出房间门，火伴们都十分吃惊。他们与木兰一同

征战、出生入死十二年，居然没有发现木兰原来是一个女儿身。门前光彩照人的木兰让所有的火伴都惊愕不已。这是全诗的倒数第二段，也是揭开秘密的高潮部分，木兰十二年乔装却不露丝毫痕迹，突显了木兰强大的内心与坚定的信念。

最后一段："雄兔脚扑朔，雌兔眼迷离；双兔傍地走，安能辨我是雄雌？"这里使用了比喻，用兔子来比喻人。诗句中的"扑朔"是兔子跳跃的形态；"迷离"是兔子眼睛眯缝的样子。此处使用了互文的手法，这里的雄兔和雌兔不仅都脚扑朔而且眼神迷离，两兔一起奔跑，谁又能分辨它们的雌雄呢？这里看似写兔子，实则是写人。木兰与军中的将士一同在战场上英勇杀敌，大家谁都辨别不出木兰的性别。这是对木兰的勇敢与智慧的肯定，从侧面打破了封建思想中男女不平等的观念。

文言文中经常会出现四种用字现象：古今字、异体字、通假字、假借字。而《木兰诗》中"对镜帖花黄"的"帖"就是"贴"字的通假字。

看一眼必须收藏的知识点

什么是通假字？

通假字，是指在古文中，某些字可以用读音相同或者相近的字来代替，它泛指中国古文中的一种用字现象。这里的"通假"，就是"借代、通用"的意思。通假字所替代的那个字，我们称作"本字"。例如：《木兰诗》中的"帖"是通假字，而"贴"字就是本字。

通假字通常会有两种形式："本有其字"的通假字、"本无其字"的假借字。

"本有其字"的通假字：古文中，作者经常用一些同音或者近音的字来代替原来的字。例如："不亦说乎"中的"说"通"悦"字；"不知为不知，是知也"中的第三个"知"通"智"字；"栽如星点"中的"栽"通"才"字等。

"本无其字"的假借字：古文中的汉字没有我们现代汉字的数量多，因此，许多古人在记事的时候，文字常常不够用，没有对应的文字使用，因此，他们只能用同音或者近音的汉字来代替。

看一眼必须背会的知识点

通假字的类型有哪些?

古人们写作，在文言文中使用的通假字通常有以下四种类型。

（1）用同音或者近音的字相互替代：例如：《口技》中的"满坐寂然"中的"坐"字通"座"字；《核舟记》中的"左手倚一衡木"中的"衡"字通"横"字；《望岳》中的"荡胸生曾云"中的"曾"通"层"字。

（2）用同声旁的字相互代替：例如：《送东阳马生序》中的"同舍生皆被绮绣"中的"被"字通"披"字；《公输》中的"子墨子九距之"中的"距"字通"拒"字；《鱼我所欲也》中的"万钟则不辩礼义而受之"中的"辩"字通"辨"字等。

（3）用形声字代替声旁字：例如：《陈涉世家》中的"卜者

知其指意"中的"指"通"旨"字。

（4）用声旁字代替形声字：例如：《岳阳楼记》中的"政通人和，百废具兴"中的"具"字通"俱"字；《马说》中的"才美不外见"中的"见"字通"现"字；《鱼我所欲也》中的"故患有所不辟也"中的"辟"字通"避"字等。

看一眼就记得住的语文学习技巧

常用通假字	对应本字	例句
反	返	寒暑易节，始一反焉。
句	勾	勾践之地，南至于句无。
奉	俸	位尊而无功，奉厚而无劳。
有	又	虽有槁暴，不复挺者。
从	纵	合从缔交，相与为一。
辩	辨	两涘渚崖之间，不辩牛马。
弊	敝	不忘周室而为弊邑宸宇，亦寡人之愿也。
倍	背	愿伯具言臣之不敢倍德也。
零丁	伶仃	零丁孤苦，未尝一日相离也。
止	只	其为时止十有一月耳。
坐	座	请以剑舞，因击沛公于坐。
羞	馐	使建中远具时羞之奠。
说	悦	学而时习之，不亦说乎？
为	谓	为是其智弗若与？
当	倘	当与秦相较，或未易量。
厌	餍	然则诸侯之地有限，暴秦之欲无厌。
刑	型	刑于寡妻，至于兄弟。
敛	殓	殁不得抚汝以尽哀，敛不凭其棺。
涂	途	行旅皆欲出于王之涂。

2

品析《出师表》，学习古文中的词类活用

　　《出师表》是诸葛亮流传千古的名篇，它被世人奉为理政的典范、为人的圭臬、行文的楷模。《三国演义》中诸葛亮的形象可谓智多近妖，他不仅是足智多谋的军事家、聪明绝顶的发明家、精于世故的外交家，还是文采斐然的文学家。他的文学作品流传下来的数量不多，却都是精品。表是古代向君王上书陈情言事的一种文体。它可以是带兵打仗之前，主帅呈给君王的奏章，其内容或是呈献攻克敌人的良策，或是表明自己精忠报国的决心。历来名将众多，但以表闻名于世的人却甚少，诸葛亮的这篇《出师表》可谓是文学史上耀眼的明星。

　　诸葛亮打算出师讨伐魏国，临行前给蜀国的后主刘禅上了一道奏章——《出

师表》。文中用恳切的言语，劝说后主刘禅要继承先帝刘备的遗志，要勤政爱民、广开言路、亲近贤臣、远离小人，从而完成兴复汉室的宏伟大业，同时也表达了诸葛亮不忘先帝刘备的知遇之恩，以及其北定中原的决心与勇气。《出师表》之所以能够青史留名，就是因为它朴素、平凡的语言中流露出的真情。

《出师表》写于"天下三分，益州疲弊"的"危急存亡之秋"，在当时紧张艰难的时局下，心系国家的诸葛亮即使再有文采，也没有心思写出一篇华丽优美的文章来。《出师表》字字珠玑，惜墨如金，它没有引经据典、修辞雕琢，整篇文章质朴而深情。短短一文，写出了当时的局势，士卒的情况，朝廷的治理方法和任用人才的原则；还嘱咐后主刘禅要亲贤臣远小人、勤于思考，辨别良莠，并对应任用哪些人提出了具体的建议；最后，作者还自述了生平，表达了自己效忠蜀汉、排除万难、北定中原的决心。全文六百余字中，十三次提到"先帝"，七次说及"陛下"，诸葛亮的忠心日月可鉴。

文章虽然朴实深情，没有使用华丽的辞藻，但全文有许多精练的成语，例如"斟酌损益""感激涕零""妄自菲薄""引喻失义"等。除此之外，全文也多次使用了词类活用的手法。例如：

（1）"亲贤臣，远小人。"

作者把句中的"亲""远"这两个形容词用作了动词，意思为"亲近""疏远"。

（2）"苟全性命于乱世。"

作者把句中的"全"这个形容词用作了动词，意思为"保全"。

（3）"作奸犯科及为忠善者。"

作者把句中的"奸"这个形容词用作了名词，意思为"奸邪的事"；

把"忠善"这个形容词用作了名词，意思是"忠善之事"。

（4）"此臣所以报先帝而忠陛下之职分也。"

作者把句中的"忠"这个形容词用作了动词，意思是"对……尽忠"。

（5）"恢弘志士之气。"

作者把句中的"恢弘"这个形容词用作了动词，意思是"弘扬、发扬"。

（6）"故五月渡泸，深入不毛。"

作者把句中的"毛"这个名词用作了动词，意思是"长草木（暗指一种荒凉）"；把"五月"这个名词用作了状语，意思是"在五月"。

（7）"以光先帝遗德。"

作者把句中的"光"这个名词用作了动词，意思为"发扬光大"。

（8）"陟罚臧否。"

作者把句中的"臧否"这个形容词用作了动词，意思为"赞扬和批评"。

（9）"北定中原。"

作者把句中的"北"这个方位名词用作了状语，意思为"向北"。

（10）"恐托付不效。"

作者把句中的"托付"这个动词用作了名词，意思是"托付的事情"。

（11）"此皆良实。"

作者把句中的"良实"这个形容词用作了名词，意思是"忠良诚实的人"。

（12）"优劣得所。"

作者把句中的"优劣"这个形容词用作名词，意思是"才能高的人和才能低的人"。

看一眼就要记住的知识点

什么是古文中的词类活用？

在古文中，作者有时会将某些在特定语境中的实词，临时改变词性与意义等，当作另一类的词语来使用，这种现象被称为词类活用。词类活用主要包括名词的活用、动词的活用、形容词的活用这三大类型。

通常情况下，一个完整的句子应该包含主语、谓语和宾语等主要成分。我们在阅读时，如果发现句子的这些主要成分有缺失，除了文章省略的情况外，还可以考虑是否存在词类活用的情况。词类活用一般会有固定的模式与结构。词类活用在一般的情况下也只是词性发生了变化，因此，我们可以根据原来词语之间的关联，来理解句中词类活用的现象。

看一眼必须背会的知识点

名词有哪些活用分类？

在文言文中，名词的活用通常有名词活用为动词、名词活用为状语、名词的使动用法、名词的意动用法这四种情况。

（1）名词活用为动词：当名词活用为动词时，其原有的意义变化不大，只是词义动作化了，作为动词来使用。值得注意的是，当名词活用为动词的时候，有些字的读音会发生变化，常见的字有

"雨""王""妻"等。

例如《陈涉世家》一文中，"大楚兴，陈胜王"中的"王"字就是一个名词活用为动词的例子，这时它的读音应该为"wàng"，由原来的平声变成了去声，意思为"称王"。

再如《公输》一文中，"吾义固不杀人"中的"义"字，作为句中的动词来使用。它原来的意思为"道义"，被活用为动词后，意思是"坚守道义"。因此，整句的意思为："我坚守道义，绝对不去杀人。"

（2）名词活用为状语：在文言文中，名词经常可以直接作为句子的状语来使用，有时表示动作行为的特征与状态，有时表示动作行为发生的地点、方向，有时表示动作行为发生的时间，有时表示动作行为实施的手段或者工具，有时表示动作行为进行的方式方法等。

例如《小石潭记》一文中，"从小丘西行百二十步"中的"西"字，原本是方位名词，但在这里被活用作状语，意思是"向西"，表示动作行为发生的地点、方向。

再如《小石潭记》一文中，"斗折蛇行"中的"斗"字和"蛇"

字，原本都是名词，这里都被活用作状语，其意思分别是"像北斗星那样""像蛇那样"，表示动作行为的特征与状态。

（3）名词的使动用法：把名词作为使动词来运用，句子的主语"使"宾语发生这个名词活用为动词后所做的动作。

例如《左传·襄公二十二年》一文中，"吾见申叔，夫子所谓生死而肉骨也"中的"生死"不是并列结构，而是动宾结构。"肉骨"也是动宾结构，"肉"是名词的使动用法，意思是"白骨生肉"。

（4）名词的意动用法：是指将名词用作谓语，把宾语所代表的人或事物，当作谓语所代表的人或事物去看待、评价。

例如《礼记·礼运》一文中，"故人不独亲其亲，不独子其子"中的前面的"亲"和"子"两个名词作谓语，"其亲"和"其子"作宾语，主语"人"在主观上把"其亲"作为自己的亲人来看待，把"其子"作为自己的儿子来看待。因此，这里的"亲"字应理解为"以……为亲"或"把……当作亲"，"子"字应理解为"以……为子"或"把……当作子"。

再如《前赤壁赋》一文中，"侣鱼虾而友麋鹿"中的名词"侣"和"友"作为谓语，"鱼虾"和"麋鹿"作为宾语，用现代白话文的理解是主语在主观上把"鱼虾"作为伙伴来看待，把"麋鹿"作为朋友来看待。因此，这里的"侣"字应理解为"把……当成伙伴"，"友"字应理解为"把……当作朋友"。

动词有哪些活用分类？

在文言文中，动词的活用通常有三种情况：动词活用为名词、动词的使动用法、动词的为动用法。

（1）动词活用为名词：在古文中，当一个动词处在主语或者宾语的位置时，这个动词就可能活用为名词，充当句子的主语或者宾语了。

例如《信陵君》一文中，"今邯郸旦暮降秦，而魏救不至，安在公子能急人之困也"中的"救"字意思为"救兵"，由动词活用为名词，作为句子的主语。

再如《曹刿论战》一文中，"夫大国，难测也，惧有伏焉"中的"伏"字，意思为"伏兵"，由动词活用为名词，作为句子的宾语。

（2）动词的使动用法：在文言文中，动词的使动用法一般只限于不及物动词。不及物动词本来不能带宾语，但活用为使动用法时，不及物动词后面就能带宾语。

例如《廉颇蔺相如列传》一文中，"均之二策，宁许以负秦曲"中的"负"字，就是动词的使动用法，其意思为"使秦负曲"。

再如《石钟山记》一文中，"今以钟磬置水中，虽大风浪不能鸣也"中的"鸣"字，也是动词的使动用法，其意思为"使之鸣"。

（3）动词的为动用法：在古文中，动词谓语对宾语含有"为……怎样"的意思，称为动词的为动用法。为动用法中的动词大多数是不及物动词。

例如《吕氏春秋·疑似》一文中，"故墨子见歧道而哭之"中

的"哭之"是动词的为动用法，即"为之哭"的意思。

再如《韩非子·难二》一文中，"管仲不死其君而归桓公"中的"死"字也是动词的为动用法，这一动作是为了"其君"而产生的，所以"死其君"就是"为其君而死"的意思。

看一眼就要记住的知识点

形容词有哪些活用分类？

在文言文中，形容词的活用通常有四种情况：形容词活用为名词、形容词活用为动词、形容词的使动用法、形容词的意动用法。

（1）形容词活用为名词：在古文中，当形容词作为主语或宾语时，它已不再表示事物的性质或特征等属性，而是表示具有某种性质或特征的人或事物。

例如《出师表》一文中，"此皆良实"中的"良实"，是形容词活用为名词，意思是"忠良诚实的人"。

再如《如梦令》一诗中，"知否，知否，应是绿肥红瘦"中的"绿""红"，也是形容词活用为名词，意思为"绿叶、红花"。

（2）形容词活用为动词：在古文中，当形容词作为谓语时，就活用为动词，并且还能带宾语。

例如"牛困人饥日已高，市南门外泥中歇"一句中的"高"，是形容词活用为动词，意思为"升高"。整句的意思为："牛累了，人饿了，太阳已经升得很高了，他就在集市南门外的泥地上歇息。"

再如"欲穷千里目，更上一层楼"一句中的"穷"，也是形容词活用为动词，意思为"看尽"。整句的意思为："想要看尽千里之外的风光，那还需要登上更高的楼层。"

（3）形容词的使动用法：是指在文言文中，当形容词后接宾语时，它表示附加（某种特征）于宾语所表示的事物上。

例如"春风又绿江南岸，明月何时照我还"中的"绿"字，就是形容词的使动用法，意思是"使……变绿"。

再如"焚百家之言，以愚黔首"中的"愚"字，也是形容词的使动用法，意思是"使……愚笨"。

（4）形容词的意动用法：在古文中，当形容词后接宾语且表示主观上的感觉、看法等时，它表示主语认为宾语具有某种性质或特征。

例如"渔人甚异之"中的"异"字是形容词的意动用法，是"认为……奇怪"的意思，整句的意思为："渔人感到很奇怪。"

再如"登泰山而小天下"中的"小"字也是形容词的意动用法，是"认为……小"的意思，整句的意思为："登上了泰山，就觉得天下都变小了。"

3 从《论语》中，了解常见的文言句式

子曰："巧言令色，鲜矣仁！"

子曰："道千乘之国，敬事而信，节用而爱人，使民以时。"

子曰："弟子入则孝，出则弟，谨而信，泛爱众，而亲仁。行有余力，则以学文。"……

这些语句都出自我国儒家经典作品——《论语》。《论语》由孔子弟子及其再传弟子编写而成，直至战国前期才完成。《论语》自宋朝以后，就被列为我国古代四书五经中的"四书"之一，并且成为古代科举制度中的必读书目。全书一共有二十章、四百九十二篇，以语录体为主、叙事体为辅，主要记录了孔子及其弟子在日常学习生活中的言行，积聚了儒学的精华。文中记录了孔子的政治主张、伦理思想、道德观念、审美趣味以及教育理念等，被世人奉为"圣贤之书"。

作为儒学的经典，《论语》涉及的内容包罗万象、博大精深，并以"仁"为全书的思想核心。《论语》中的语录生动形象，言简意赅，充分展现了文言文的独特魅力。我国古文中的文言句式与现代汉

语句式大体相同，但其中也有几种句式与现代汉语有所不同。例如：《论语》中的"温故而知新，可以为师矣"是一个省略介词宾语的省略句；《论语》中的"何有于我哉"是一个宾语前置、状语后置的句子；《论语》中的"人不知而不愠，不亦君子乎"是一个省略宾语、主语的省略句等。

文言句式——省略句

文言文的省略句：是指在古文中，句子在一定的语言环境下，省略了某些成分，使得语句变得更为简练。常见的省略句有省略主语、省略谓语、省略宾语、省略量词、省略介词、省略兼语等。

省略主语："永州之野产异蛇，（蛇）黑质而白章，触草木，（草木）尽死。"

省略谓语："（走）五十步笑（走）百步。"

省略宾语："尉剑挺，广起，夺（剑）而杀尉。"

省略量词："一（个）童子烧酒炉正沸。"

省略介词："山水之乐，得之（于）心而寓之酒也。"

省略兼语："广故数言欲亡，忿恚尉，令（其）辱之，以激怒其众。"

看一眼必须收藏的知识点

文言句式——倒装句

在通常情况下，现代汉语的语序是固定的，句子的顺序是"主语——谓语——宾语"。但在文言文中，有时会出现一些特殊的语序，比如谓语前置、宾语前置、定语后置、介宾短语后置等。

谓语前置：《少年中国说》中的"美哉我少年中国"的正确语序应是"我少年中国美哉"，目的是强调"美哉"。

宾语前置：《岳阳楼记》中的"微斯人，吾谁与归"的正确语序应是"微斯人，吾与谁归？"

定语后置：《岳阳楼记》中的"居庙堂之高则忧其民，处江湖之远则忧其君"的"居庙堂之高"应理解为"居高庙堂"，"处江湖之远"应理解为"处远江湖"。

介宾短语后置：《醉翁亭记》中的"至于负者歌于途，行者休于树"的"歌于途""休于树"，应理解为"在路上唱歌""在树下休息"。

看一眼必须背会的知识点

文言句式——被动句

与现代汉语不同的是，古文中的被动句，一般不用介词"被"，而是借用其他的介词来表示。常见的有以下几种情况。

（1）使用"于""受……于"来表示句子的被动关系。

例如《五人墓碑记》中的"不能容于远近"的意思是："不能被远近各地所容纳。"

再如《生于忧患，死于安乐》中的"舜发于畎亩之中"的意思是："舜从田野耕作之中被起用。"

（2）使用"为""为所""为……所……"等来表示句子的

被动关系。

例如《屈原列传》中的"身客死于秦，为天下笑"的意思是："自己被扣留死在秦国，被天下人耻笑。"

再如《活板》中的"昇死，其印为予群从所得"的意思是："毕昇死后，那些字模被我的堂兄弟和侄子辈们得到。"

（3）使用"见""见……于……"来表示句子的被动关系。

例如《廉颇蔺相如列传》中的"秦城恐不可得，徒见欺"的意思是："秦国的城池恐怕不能够得到，白白地被欺骗。"

（4）没有标志词的被动句，句中有一些本身带有被动含义的动词，这需要结合具体的语境来进行分析判断。

例如《屈原列传》中的"兵挫地削，亡其六郡"的意思是："军队被挫败，土地被削减，失去了六个郡。"

文言句式——判断句

文言文中的判断句与现代汉语的判断句不同，它一般没有类似于"是"的判断词，而是用名词或者名词性短语作为谓语，对事物的属性作出一定的判断。古文中的判断句通常有以下几种类型。

（1）用"者""也"来表示的判断句，有五种情况。

①在主语后面使用"者"，谓语后面不用"也"，形式为"……者，……"。

例如《愚公移山》中的"北山愚公者，年且九十"。

②在主语后面用"者"，表示句中的停顿，谓语后面用"也"来表示判断，形式为"……者，……也"。

例如《陈涉世家》文中的"陈胜者，阳城人也"。

③主语后面不用"者"，谓语后面用"也"，形式为"……，……也"。

例如《桃花源记》一文中的"南阳刘子骥，高尚士也"。

④句子用"者也"来结尾。

例如《爱莲说》中的"莲，花之君子者也"。

⑤句中用"……也"来结尾。

例如《岳阳楼记》中的"此则岳阳楼之大观也"。

（2）用"乃""则""诚""为""皆""是""谓""即"等表示判断。

例如《木兰诗》中的"同行十二年，不知木兰是女郎"；《送东阳马生序》中的"非天质之卑，则心不若余之专耳"。

看一眼就记得住的语文学习技巧

固定句式	译文	例句
谓……曰	对……说	因笑谓迈曰："汝识之乎？"
……孰与……	……与……比	吾孰与城北徐公美？
奈……何？	把……怎么样？	则较死为苦也，将奈之何？
如……何？	对……怎么办？	以君之力，曾不能损魁父之丘，如太行、王屋何？
何……为？	要……干什么？	如今人方为刀俎，我为鱼肉，何辞为？
不亦……乎？	岂不是……吗？	学而时习之，不亦说乎？
有……者	有……的人	邑有成名者，操童子业，久不售。
何……焉为？	有什么……呢？	夫子何命焉为？
庸……乎	难道……吗？	吾师道也，夫庸知其年之先后生于吾乎？
何……之有？	有什么……呢？	君子居之，何陋之有？
何有于……？	对于……，又有……	学而不厌，诲人不倦，何有于我哉？
岂……哉？	难道……吗？	沛公不先破关中，公岂敢入乎？
其……乎	大概(恐怕)……吧	圣人之所以为圣，愚人之所以为愚，其皆出于此乎？
……何如哉？	该是怎样呢？	其辱人贱行，视五人之死，轻重固何如哉？
非……欤？	不是……吗？	子非三闾大夫欤？
独……耶(乎，哉)	难道……吗？	独不怜公子姊耶？
孰若……	哪里比得上？	与其坐而待亡，孰若起而拯之？
无乃……乎？	不也……吗？	今君王既栖于会稽之上，然后乃求谋臣，无乃后乎？
安……哉	怎么……呢？	燕雀安知鸿鹄之志哉！

第八章

写作高手练成的秘诀
——灵活使用作文创作的妙招

1 如何掌握记叙文的写作技巧？
先看苏轼笔下的"河东狮吼"

    宋朝时期的大文豪苏轼，因乌台诗案被贬至黄州。来到黄州后的苏轼结交了好友龙丘居士——陈季常，两人志趣相投，时常在一起饮酒作诗、游山玩水。然而陈季常却是一位惧怕老婆之人，因为他的夫人柳氏脾气相当暴躁。一次，陈季常与苏轼在外饮酒，回家太晚，柳氏大发雷霆，让陈季常在家中罚跪。第二日，苏轼得知此事，作了一首诗，打趣陈季常。诗中言道："龙丘居士亦可怜，谈空说有夜不眠。忽闻河东狮子吼，拄杖落手心茫然。"

    原来，这龙丘居士是一位热爱佛学之人，而佛家的经典中就有"狮子吼则百兽惊"一说，用来比喻佛法的神威。苏轼就以此典故来与陈季常开了一个玩笑。这几句诗文的意思是：龙丘居士很是可怜，平日里只知道谈论"空"与"有"之类的佛学，谈得太投入以至于忘记了

睡眠。忽然听见他凶悍的夫人犹如河东狮子般的怒吼，他整个人呆住了，连手中的拐杖都掉落在地上，整颗心也十分茫然。

我们可以从这几句诗句的描写中，看出柳氏"河东狮子吼"般的威力，眼前浮现出她发脾气时吼叫怒骂的生动形象。看似简单的短短几句话，就把柳氏的强悍与陈季常的懦弱描写得淋漓尽致。大文豪苏东坡这一出手，其深厚的写作功力就从诗句的字词之间显现出来，不得不令人佩服。

苏东坡笔下的人物之所以这么生动形象，是因为他善于观察，懂得抓住人物的性格特征，并通过生活中一些鲜活的细节来进行表现。因此，当我们用记叙文体来写某一个人物的时候，就需要抓住人物的某些特征。有了这些人物特征，我们描写的人物形象才会鲜活、生动。那如何才能写出一篇高质量的记叙文呢？首先我们需要了解记叙文的精髓所在。

记叙文，顾名思义，是以记叙为主要表达方式的文体，其语言要求生动、具体、形象。它的主要内容不仅仅是记人，还可以是叙事，或者写景状物，是我们常见的一种基础文体。然而，许多同学却总是抓不住记叙文的精髓。

看一眼必须收藏的知识点

记叙文"三个六、两个五"的精髓

想要掌握记叙文的写作，我们就需要牢记记叙文"三个六、两个五"的精髓。

    这里的"三个六"是指：六要素（时间、地点、人物、事情起因、经过、结果）；六条线索（人线、物线、情线、事线、时线、地线）；六种划分标准（人物变化、场景变化、感情变化、内容变化、空间变化、事件的发展变化）。

    其次，"两个五"是指：五种顺序（顺叙、倒叙、插叙、补叙、平叙）；五种表达方式（叙述、描写、议论、说明、抒情）。

    掌握了以上记叙文的精髓后，当我们想描写特别的人、有趣的事或者美好的景物时，我们在这些具体的创作中要如何才能运用好它们呢？这里总结了写好这三种记叙文的一些关键点。

看一眼必须背会的知识点

写人记叙文的写作关键点

抓住人物的性格特征：我们在写人物的时候，需要注意能够表现人物个性化的一些方面，比如生活经历、生活习惯、行为习惯、口头禅、学习历程、家庭情况等。上述故事中的"河东狮吼"就代表了柳氏的性格特征。只要抓住了一个人的性格特征，也就抓住了这个人物形象的闪光点，把握住了文章中人物角色的灵魂。

抓住反映人物特征的典型事件：我们想要文中的人物形象鲜活起来，能跃然纸上，就要抓住反映人物特征的一些具有代表性的典型事件，从一些平实细小的事情入手，来更好地观察主人公的与众不同。

抓住反映人物特征的典型细节：这些典型细节是指为了突显主人公特征的细节点，通过对人物的外表、动作、言行等描写，使人物形象丰满起来，真正走入读者们的心里。在上述故事中，苏东坡就用陈季常的拄杖掉落、内心茫然等细节，反映出了柳氏"河东狮子吼"般的强大威力。

看一眼就要记住的知识点

写事记叙文的写作关键点

抓住记叙文的六要素：想要写好一件事情，一定要把六要素（人物、时间、地点、事情起因、经过、结果）交代清楚。只有

把这六要素交代清楚了，一篇写事的记叙文才算完整，事件的脉络才算清楚。

讲清楚事件发生的过程：六要素之中的事情起因、经过、结果是写事记叙文的主心骨，在文章中承担着挑大梁的作用。只有将这三个要素写得清楚生动，才能打动读者的心，给读者留下深刻的印象。

讲清楚事件的主旨：这也是作者对整个事件的升华，可以引导读者深入思考，将隐藏在事件表象背后的本质给挖掘出来。

看一眼必须收藏的知识点

写景记叙文的写作关键点

抓住景物的特点：与写人记叙文相似的是，我们写景时，也需要抓住景物的突出特征，从这些特征中反映出被描写景物所蕴含的韵味。描写要细致，由一些细致的特征，引发读者的情感共鸣。

明了景物描写的顺序：景物描写的顺序要条理分明，给读者展现一种层次感，这样才能使读者身临其境，更好地领略景物的和谐自然。

注意情景交融：写景的目的，最终还是引发读者的共情。我们可以用景作为情的实体依托，把情作为景的灵魂升华，使情景恰到好处地自然融合，这样可以给读者留下深刻印象。

看一眼就记得住的语文学习技巧

下面的思维导图，能方便大家归纳记叙文的精髓、基础知识点以及写作关键点。从中你们可以清晰地看出三种记叙文的写作框架，并明了丰富这些框架的具体做法。

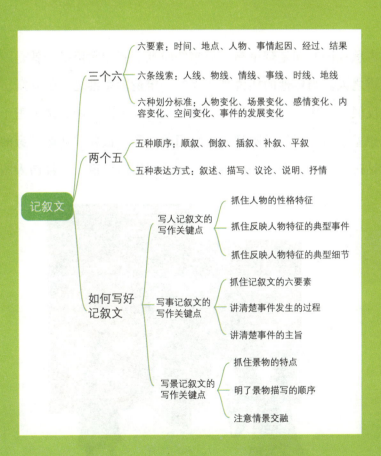

2 如何提升议论文技法？晏子曾给出过高情商的答辩

　　春秋战国时期是辩论高手云集的时期。齐国大臣晏子就是一位巧言善辩之人。当然他的能说是建立在一定逻辑思维之上的善辩，令人无法反驳。一次，晏子被委派出使楚国时，楚国的国君楚灵王千方百计地想羞辱他。当晏子刚到楚国城门时，晏子被要求从城门旁的一个小洞钻进城里去。晏子并没生气，而是郑重地说道："拜访人国，当

走人走的城门，只有拜访狗国，才会钻狗洞。"

后来，晏子面见楚灵王时，楚灵王直接侮辱他说："齐国当真没有人才了，派了一个矮子来我们国家。"怎料，晏子却是泰然自若地回答道："齐国人才辈出，但使者也有优劣之别，优秀的使者会出使明君强国，像我这般无能的使者，只能来到贵国了！"晏子用自己的聪明才智和恰当的言语反驳楚灵王的言论，不仅维护了自己的尊严，也维护了齐国的颜面。晏子的辩言逻辑严谨，推论精妙，有理有据，对方输得心服口服，从内心对他肃然起敬。

从晏子的故事，我们可以反思：当我们参加校园辩论赛或者生活中的辩论会时，作为一名合格的辩手，我们要如何才能像晏子那样，做到有理有据，将自己对某个辩题或者某些事件的观点与态度有效地传达给观众呢？其实，晏子严谨的逻辑、有理有据的论证，正是他议论推理功底扎实的一种外化表象，而他的这种内功，若用一种看得见的文体表现出来，那就是议论文了。因此，想要成为一个辩论高手，我们首先就要学好议论文，用议论的形式来帮助我们将自己的见解与观点清晰地表达出来。

我们常说的议论文，又叫说理文，以议论为主要表达的方式，当然有些时候也需要有一些记叙和说明。它是作者用来剖析、论述事理，阐明自己的观点态度，最终以理服人的一种文体。既然要以理服人，那么，我们在写议论文的时候就要具有观点明确、语言精练、论据充分、论证合理、逻辑严谨等特点。

议论文的三大要素

要写好议论文，我们需要清楚了解议论文的三要素：论点、论据、论证。

议论文中的论点是指作者对所要讨论问题（如现象、观点、人物、事件等）保持的见解，即作者在这一篇文章中需要证明什么。它可以是肯定句，也可以是否定句，但无论如何，它是一种明确且完整的判断，通常在文中是一个概括性的句子。我们可不能小瞧论点，它可是整篇文章的灵魂所在。它往往具有鲜明性和较强的针对性，同时必须符合客观规律，需要表意精准，可以从多方面去引发读者的思考。如果用一个成语来形容提出论点的作用，那就是"一针见血"，一句话正中问题的要害，给读者眼前一亮、心头一震的感觉。倘若能抓住这一点，那这篇议论文就已经成功了三分之一了。

议论文中的论据是指文中用来证明论点的材料，即文中用什么依据来证明论点，也就是我们常说的"摆事实、讲道理"。因此，我们从中不难发现论据可以分为事实论据与道理论据。需要注意的是，事实论据需要我们举出具体的实例后，再进行总结，并且总结的概述还必须紧扣文中的论点。在引用名人名言的道理论据时，我们也需要加以分析，并紧扣论点。

议论文中的论证是指运用论据来证明论点的过程与方法，即文章怎么去证明论点。我们常见的论证方法有四种：举例论证、道理论证、对比论证、比喻论证。我们可以从中看出，举例论证与事实论据相对应，道理论证与道理论据相对应。对比论证与比喻论证则可以对应两种论据之中的任何一种。

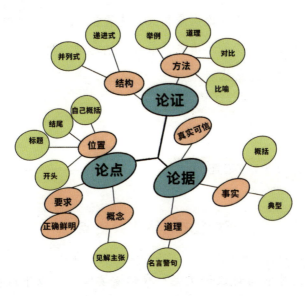

看一眼必须背会的知识点

议论文的分类

　　清楚了议论文的三要素后，我们再来看看议论文的分类。按照文章内容来分类，议论文可以分为立论文与驳论文。立论文通过摆事实讲道理的方式，直接表达出自己的观点态度。而驳论文则是作者针对对方的观点加以反驳，并且在反驳的同时阐述清楚自己的观

点态度。其实驳论文是破立的结合，它先指出并批驳对方错误的观点，再针对该问题提出自己的正确观点，最后加以论证。

按照文章具体的结构形式来分类，议论文可以分为纵式议论文与横式议论文。纵式议论文是指文章先提出论点，之后循序渐进地去论证，把道理逐步论述清楚，最后归纳总结。横式议论文则是一种并列展开的论述结构。

看一眼必须收藏的知识点

议论文的写作关键点

那如何才能写好议论文呢？我们需要掌握好以下这些写作关键点。

（1）议论文的语言要体现出准确性、概况性、鲜明性和生动性。这样才能使议论文更具有说服力。

（2）议论文的行文需要有逻辑性。这里我们就要抓住议论文的三大要素：论点（作者对所要讨论问题的见解）、论据（证明论点的材料）、论证（证明论点的过程与方法），并且在这三者之间建立有效链接。

（3）议论文的结构要清晰明了。常见议论文的四种结构形式是：层进式（提出问题——分析问题——解决问题）、并列式（一段一个分论点，形成几个并列的议论段落）、总分式（总论——分论或总论——分论——总论）、对照式（正反论证辨析）。

（4）议论文的立意要尽量做到深刻而新颖，以给读者留下深刻的印象。议论文的写作是有章可循的，只要我们能抓住议论文的核心要点，再多加以练习，想要写出一篇优秀的议论文或者成为一位辩论高手，都是得心应手的事情。

看一眼就记得住的语文学习技巧

- **议论文**
  - 三要素：论点、论据、论证
  - 按照内容可分为：立论文、驳论文
  - 按照结构形式可分为：纵式议论文、横式议论文
  - 如何写好议论文？
    - 语言要体现出准确性、概况性、鲜明性和生动性
    - 行文具有逻辑性
    - 结构要明晰
    - 立意要深刻新颖

3 实用生动的说明书

——摸清说明文的写作门道

小林同学花了许多心血制作了一个小发明，他想把小发明的性能、特点、原理等用文字的形式介绍给大家，以便让大家对他的小发明有更加深入的了解。可如何才能写好这篇起到说明功能的文章呢？毫无疑问，这时就需要我们说明文闪亮登场了。

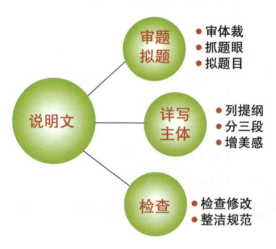

当我们想要通过对生活中具体事物、事理作出客观准确的说明或者阐释，使读者重新认识并了解被说明的事物、事理时，我们首先应该选用的文体就是说明文。说明文是一种以说明为主要表达方式的

文体。它有很强的实用性，一般用于向读者介绍被说明事物的形状、结构、类别、关系、功能、原理、特点、变化、含义等。

看一眼就要记住的知识点

说明文的精髓

与记叙文、议论文不同的是，说明文在文章的内容上对科学性与知识性的要求更高，文章的结构也十分讲究条理性，语言更加强调简洁性与准确性。因此，说明文中表示时间、空间、范围、程度、数量、特性、程序、原理等时，给出的概念不能模糊，要做到准确无误，体现出说明文该有的严谨性与科学性。

简明准确
说明语言
时间、空间、逻辑
说明顺序
总分式、递进式
说明结构
分类别、列数字、作比较、引资料、下定义、打比方、摹状貌、作诠释、画图表
说明方法
说明对象是实体事实
说明对象

说明文的分类

说明文并不是一种单一的文体，要写好说明文，我们还应该了解说明文的一些具体分类。按照文章说明对象来划分，说明文可以分为事物说明文和事理说明文。很简单，事物说明文就是介绍某事物的形体特征，事理说明文是解释事物本身的道理或者规律。前者在于说明事物的外在，后者在于介绍事物的内在及本质。

按照语言风格来划分，说明文又可以分为平实说明文和生动说明文。前者直截了当，没有弦外之音，适用于学科性质的说明文；后者还有个别名叫"文艺性说明文"或者"科学小品文"，与前者相反的是，后者重视说明的生动性和形象性，在文章中会运用比喻、拟人、象征等修辞手法，使枯燥乏味的说明变得栩栩如生。

当我们了解了说明文的一些基础知识后，我们就需要学习怎样才能将这些说明文的基础知识灵活运用于我们实际的创作之中。那么怎样才能把握住说明文的精髓、写好这篇关于小发明的说明文呢？这里，我们需要掌握以下几个关键点。

说明文的写作关键点

抓住事物的主要特征，这样才方便我们在写作时突出重点，明确主题。这是创作说明文的要点所在，也是说明文的灵魂所在。

把握好说明文的结构形式。结构形式是说明文的骨架，它会撑起整篇文章，使之不至于成为一堆不成形的"泥沙"。常见说明文的结构形式有：总分式（概括——具体、整体——部分），连贯式（时间顺序、事物的发展态势），递进式（现象——本质、浅——深）。

在了解了说明文的写作要点和结构形式，也就是说明文的灵魂与骨架后，我们还要学会运用好说明文的说明方法，说明方法就相当于说明文的肌肉。常见的说明方法有举例子、分类别、列数字、作比较、引资料、下定义、打比方、摹状貌、作诠释、画图表等。

此外，说明文的语言如同说明文的血液。我们在写说明文时，一定要重视语言的准确性、严谨性、生动性、形象性等特点。语言只有准确严谨才能突出重点，明确文章的主题；另外，生动形象的语言还可以给文章润色加分，使得文章不会枯燥乏味。

看一眼就记得住的语文学习技巧

很强的实用性

按说明对象分为事物说明文、事理说明文

按语言风格分为平实说明文、生动说明文

说明文

抓住事物的主要特征

把握好结构形式

如何写好说明文?

运用好说明方法

把握住说明文的语言特点

4 作文审题有方

——苏轼一招巧食东坡肉

　　苏轼不仅是一位大文豪，还是一位懂得享受生活的美食家。他在闲暇之余，经常研究一些自己爱吃的私房菜。其中，最为出名的就是东坡肉，这也是苏轼的最爱。有一天，他的好朋友邀请苏轼到家中做客，还特意为他准备了一块上好的五花肉。苏轼愉快地来到了朋友的家中，没想到迎接他的并不是丰富可口的佳肴，而是四盘简陋的粗食：第一道是两个蛋黄，拌着几根青菜丝；第二盘是排成一排的熟蛋白切成的小块；第三盘是清炒蛋白；第四盘是清汤，上面还漂浮着几片蛋壳。

东坡肉

　　苏轼看见这四道菜，点了点头，立马来了兴致，笑着依次指着这四道菜，吟诵道："两个黄鹂鸣翠柳，一行白鹭上青天。窗含西岭千秋雪，门泊东吴万里船。"朋友一听，拍手叫绝，开心地说道："真不愧为苏兄，用杜子美的诗句，就将四道菜描绘得有声有色，精妙！"于是，朋友立马吩咐家人将刚出锅的东坡肉奉上，请苏轼美餐了一顿。

　　苏东坡通过自己细致入微的观察能力，将朋友给出的难题轻松化解了，把几道普通的粗食中蕴含的诗意挖掘了出来，给简陋的粗食赋予了诗意的美感。苏东坡真不愧为伟大的文学家与美食家，将生活中的美与诗歌中的美，完美地结合到了一起。从这个小故事中，我们可以受到一定的启发。当我们在面对一个作文题目时，我们如何才能有效审题，明确题旨呢？

看一眼就要记住的知识点

蕴含于题目中的题眼

当我们审题时，一定要对题目的每个部分进行仔细分析与思考。这包括组成题目的各个词语的明确含义，题目明确规定的写作范围、写作内容、写作文体，还有一些导语的附加部分。其中需要重视的是题目中的一些关键性的文字，即题眼，需要我们认真地仔细分析与思考。对于这些关键性的词语，我们需要解释它们的具体含义。题目中的导语部分，绝不是一些多余无用的文字，它往往可以启发我们的创作思维，拓宽我们的写作范围，增加我们的创作角度。

那么哪些文字是题目的题眼呢？比如：主谓结构短语类型的题目，其中的谓语就是题眼；偏正结构短语类型的题目，其中的修饰语就是题眼；动宾结构短语类型的题目，其中的动词就是题眼等。

看一眼必须背会的知识点

审题的五种技法

（1）有效提问法：一些作文题目看似简单，但却比较抽象，这时，我们可以运用有效提问法的方式来进行有效审题，从而抓住

229

文题的题旨。比如写一篇题为《固执》的作文，我们就可以根据这个题目，提出多个问题：谁会固执？固执产生的原因是什么？固执产生的结果与危害是什么？如何做到不固执？……通过类似这样一系列的提问，我们就可以很快将抽象的题目具体化、明朗化。在之后的谋篇布局中，我们也可以根据这些提出的问题来组织文章的结构。

（2）透视本质法：我们经常会遇见一些一语双关的作文题目。这时我们就不能只看题目的表面意思了，而是要通过题目的表面意思看到题目隐藏的本质，也就是一些内涵、象征意义。这种题目通常会有两种情况，一种是我们需要考虑题目的象征寓意，一种是我们需要考虑题目的比喻含义，将题目背后深层次的含义给挖掘出来，用于文章的升华部分的创作。

（3）语法分析法：我们可以通过语法分析的方法，来快速抓住题目的核心要点。比如：对记叙文，如果是以一句话作为题目，我们就要抓住这句话的谓语，在谓语上下功夫，如果是以词组作为题目，我们就要抓住词组的修饰部分；如果是议论文体的话，那么题目往往就是我们在文中需要论证的中心论点，我们要把它作为文章的核心来展开论述。

（4）逐字推敲法：这种方法就是对题目中的字句逐一进行推敲，把题目中确定的要求，包括时间、地点、空间、写人、写物、叙事、议论等方面的所有信息，都进行认真推敲，明晰题目的写作文体以及其他具体的要求。题目里如果要求写作的文体是记叙文，那么我们就要弄清题目具体要求的是记人、叙事还是写景；如果要求写作的文体是议论文，那么我们就需要弄清中心论点是什么；如果要求写作的文体是说明文，那么我们就要弄清楚是说明事理还是说明事物。

（5）文体辨析法：这种方法需要我们通过辨析题目中的一些要求，来判断作文的具体文体。我们只要抓住题目中体现出文体性质的一些具有代表性的字样，就可以轻松判断。比如：题目中出现了"游记""回忆录"等字样，那么我们就需要写成记叙文；如果出现了"论""议""谈"等字样，大多情况需要写成议论文；如果出现了"说明""使用""介绍"等字样，我们通常就要写成说明文了。

看一眼就记得住的语文学习技巧

作文审题	审题的作用	明确写作范围	明确写作内容	明确写作文体
	导语的作用	启发创作思维	拓宽写作范围	增加创作角度
	审题五种方法	有效提问法、透视本质法、语法分析法、逐字推敲法、文体辨析法		

5

立意决定写作成败

——贾岛"推敲"成就经典

　　唐朝诗人贾岛，早年出家做了僧人，一生穷愁，常常以作诗的方式来抒发自己内心的愁苦。他大多描写荒凉孤寂的景象，并非常重视字句的打磨。韩愈无意间发现了贾岛的才华，并送给他"苦吟诗人"的称号。一天，贾岛骑着一头毛驴，走在街道上，突然间来了灵感，萌发了诗意。他一边骑着毛驴，一边就出口成章，吟出了诗句："鸟宿池边树，僧推月下门。"可是，贾岛对其中的"推"字不太满意。这时，他看见街边正有个人在敲门，于是，他索性将"推"字换成了"敲"字，仔细品了品，感觉还行。正当他喃喃自语地反复品味着"推""敲"二字时，毛驴差一点儿就撞到了一顶高级轿子，巧的是，轿子里端坐着的人正是文学大家韩愈。

　　韩愈一看是贾岛，就笑着问道："苦吟诗人，你不看路，只顾低头吟诗是很危险的事情，你又在琢磨什么诗了？"

　　贾岛一看是韩愈，就将自己拿不定主意的用字一事，告诉了韩愈。韩愈认真地思索了很久，便对着贾岛，说道："还是用'敲'字比较好。"最后，贾岛按照韩愈的意见进行了修改，于是，"鸟宿池边树，僧敲月下门"便成了贾岛的经典诗句。

　　我们不要小瞧这一个"敲"字，它改变了原有诗句的意境，仅仅一个字的替换，就将原诗的意境由无声变成了有声。我们可以想象一下这个画面：在夜深人静的时候，明月高悬，鸟儿飞回到池塘边的树上休息，晚归的和尚也要回寺庙了。一个"敲"字打破了周围的宁静，虽然敲门声不大，但却更加突显了四周的安静。贾岛的反复推敲，成就了经典。由此我们不难发现，一篇文章的立意相当重要，这往往决定着整篇文章的高度与成败，那如何立意，才能让我们的文章变得更高级呢？

看一眼就要记住的知识点

写作立意的含义

　　写作立意，就是我们在明确题目后，根据题目的意思确立文章主旨，也就是作文的中心思想，整篇文章都需要围绕着这个主旨进行描述、论述或者说明。写作立意的好坏直接决定了文章的高度与成败。一般情况下，好的立意是积极向上的、态度鲜明的、新颖深刻的。当然，立意也并非我们自己仅凭空想象就能得来的，它基于我们平时对社会中形形色色的事物产生的感触或者启发。

我们对事物的体会与理解越是深刻，我们就越能升华主题。万事万物，只要我们能抓住它们的特质，从中悟出道理，在写作时就能做到胸有成竹，轻松立意，写出佳作了。

看一眼必须收藏的知识点

写作立意的三种技法

大小互换法：当我们面对一个比较大的话题时，我们可以从这个大的话题中找到一个小而具体的切入口来进行立意。比如我们的写作题目为"相信"。这个题目包含的范围比较广，属于大的话题，可以指相信美好、相信爱情、相信友情、相信人性等。那么我们只需要从中找到一个小而具体的方面来进行立意即可。相反，如果我们的题目是一个小而具体的局部话题，那么我们就需要将这个局部话题逐步扩大，从局部的点升华到整体的面来进行立意。比如写作题目为"妈妈"，我们就可以从自己妈妈伟大母爱的闪光点升华到祖国妈妈的母性光辉面来进行立意，从而提升整篇文章的高度。

反向立意法：这种方法是指我们从题目的对立面来进行立意，运用逆向思维，从他人看不见的视角出发，打破常规的写作套路，反向立意。这样的写法容易出新，给读者眼前一亮的感觉。比如前文提到的"相信"一题，我们可以从不相信的角度来进行立意，写出人们在日常生活中不会相信的事物，从而反映出人们认知的局限性。这种反其道而行之的立意方法，往往会给读者带来新鲜的阅读体验，从而给读者留下深刻的印象。

聚焦热点法：我们平时可以关注一些热点话题，从社会上发生的一些热门事件、潮流新风中挖掘出一些好的立意。这样可以紧跟时代，更具有实效性。比如还是"相信"一题，我们就可以结合当下我国日益强大的国力、高速发展的科技、飞速增长的经济等方面来进行立意，这种立意方式更加高远，充满了正能量。

看一眼就记得住的语文学习技巧

写作立意	立意的含义	根据题目的意思确立文章主旨
	立意的作用	写作立意的好坏直接决定了文章的高度与成败
	立意的三种方法	大小互换法 反向立意法 聚焦热点法

6 构思巧妙出精品

——苏轼巧招治辽人

　　宋神宗熙宁年间，北方的辽国经常派使者来朝见神宗。那时的宋朝经常被辽国欺负，辽国的使臣也非常狂妄，常常写一些刁钻的诗为难翰林院的大臣们，使他们难堪，以此来显示辽国强大的国力。一次，辽国使臣再次来到了北宋朝廷，北宋皇帝派大文豪苏轼来接待辽国使臣。辽国使臣不认识苏轼，丝毫没把他放在眼里，仍旧使用老把戏——用诗歌来诘问苏轼。苏轼毫不惊慌，反而笑着说道："写诗，是一件非常容易的事情；看诗，才是难事。"说完，苏轼大笔一挥就在纸上"画"出了十二个字。

　　辽国使臣颠来倒去，怎么也看不明白，更不要说去细品了，刚才说的大话如泼出去的水，无法再往回收，于是他们感到十分尴尬、惶恐不安。从此以后，辽国使臣再也不敢目中无人，看见宋朝的文人们时也都变得谦虚谨慎起来。那苏轼写的这造型独特的十二个字究竟蕴含了什么深意呢？

　　原来，这是一首神智体诗，也是当时文人们热衷的一种文字游戏。苏轼没有将全诗直接写出，而是用这十二个造型独特的字的意象来表现整首诗，整首诗构思精妙绝伦，令读者回味无穷。这首神智体诗全诗应为："长亭短景无人画，老大横拖瘦竹筇。回首断云斜日暮，曲江倒蘸侧山峰。"诗的第一句中，作者叹息没有人为夕阳余晖中的长亭作画。第二句中的竹筇指的是古代用竹子做成的一种手杖，意思是这里唯有一位老者拄着自己的手杖。接下来的第三句，作者写了老者回首远眺，看见了天边的落日与片云。最后一句的意思为：弯弯曲曲的江水中，倒映着远近的一些山峰。苏轼寥寥几笔就勾勒出了一幅美妙的夕阳图景，他还给诗作加上了点睛的题目——《晚眺》。整首诗作构思新颖绝妙，世人无不惊叹，为苏轼的睿智与才华折服。

看一眼必须收藏的知识点

写作构思的内涵

从《晚眺》这首诗，我们可以看出，一篇佳作的诞生离不开巧妙的构思。构思是将已选好的写作材料进行创造性地、巧妙性地布局，从而构建出文章新颖的整体结构，即谋篇布局，通俗的说法就是"打腹稿"。一篇文章的好坏，构思是关键。合理的构思，会让文章的结构清晰、关系明了、逻辑通顺。

构思的过程包括：确定作文主题、确立中心思想、明确写作文体、选择合适的写作材料、安排合理的文章结构，最后列出文章的大纲，为后面的写作指明方向与思路。

构思的五种技法

悬念设定法：指在文章的开头或者中间的部分设置一些悬念，从而吸引读者的注意力，引发读者的阅读兴趣，使读者带着疑问去阅读文章、分析问题，到最后，悬念的谜底揭开时才有恍然大悟的感觉。我们需要注意的是，悬念的设置要与事物发展的常规现象相悖，这样才能使读者产生疑问，产生想要一探究竟的好奇感。

视角转换法：这种构思方法是将常规讲述者的第一人称"我"，转换成另外的角度来进行创作。我们可以用第二人称"你"、第三人称"他"来代替"我"的视角来写作，也可以用拟人的手法，从动物"它"的视角来讲述文章，这样的方法会让文章变得新颖、吸人眼球。

碎片组合法：当我们要写一组事物时，我们就可以采用碎片组合法，将一些相应的人或事物的写作材料进行有机组合，从而表达同一个主题思想。这种方法能使文章的内涵更丰富，且从多个角度来描写事物，能给读者留下较为全面的阅读感受。

误会营造法：文学作品往往是通过人物之间的误会矛盾，来推动故事的情节发展。因此，我们在构思的时候，也可以采用误会营造法，在事情的发展过程中，刻意营造人物之间的误会与矛盾。这种方法可以让人物的情感丰富饱满，也可以让文章变得跌宕起伏、精彩吸睛。

穿针引线法：我们可以选择一个与主题紧密相关的事物作为我

们写作的线索，这个事物可以是人，也可以是物，并且最好还要有一定的个性化特征、较高的辨识度。我们以此贯穿整篇文章，从而形成文章的骨架，使文章的结构更加严谨。

看一眼就记得住的语文学习技巧

写作构思	构思的含义	将已选好的写作材料进行创造性地、巧妙性地布局
	构思的作用	让文章结构清晰、关系明了、逻辑通顺
	构思步骤	确定作文主题、确立中心思想、明确写作文体、选择合适的写作材料、安排合理的文章结构，最后列出文章的大纲
	构思五种技法	悬念设定法、视角转换法、碎片组合法、误会营造法、穿针引线法

7 作文的开头好彩

——欧阳修的"一"字抵众山

欧阳修是"唐宋八大家"之一，号醉翁，也被称为六一居士。他写得一手的好文章，对待写作一事精益求精。他每写完一篇文章，都会谦虚地向他人请教，再将自己的文章修改到满意为止。他的代表名作《醉翁亭记》，就曾被他修改过多次，据说他还亲自抄写了多份，吩咐下属张贴在每个城门外的土墙上，请往来的路人提供宝贵意见。

一天，城门来了一位目不识丁的樵夫。他听见城门处正有人品读《醉翁亭记》的开头部分："滁州四面皆山也。东有乌龙山、西有大丰山、南有花山、北有白米山。"他听完摇摇头，直呼写得太啰嗦了，不利索。谁知，这话被欧阳修的下属听见了，下属特别不服气地问道："什么不利索？你大字不识几个，还敢在这里胡说八道？"樵夫感到委屈，执意要见欧阳修，给他当面提意见。

欧阳修见下属带来了一位砍柴的樵夫，并没有轻视他，而是谦逊地请教对方有什么高见。只见樵夫说道："大人的文章不错，就是开头有点啰嗦。我每日都会去山上砍柴，对那一带的高山十分熟悉。每当我站到南天门向四周望去时，那些乌龙山、大丰山、花山、白米山都被收入眼中，山与山相连，当时只觉得四面都是山，并不会去刻意区分每一座高山！"说完，樵夫就用手画了一个大圆圈。

看到樵夫画的这个圈，欧阳修备受启发，立马来了灵感。他将文章开头原有的那些山名，仅用一个简洁的句子就轻松概括了，也就是后来的"环滁皆山也"。

如果说欧阳修的文章一字值千金，那么樵夫画的那个圈就能抵万金了。欧阳修不惜花费大力气，将文章的开头认真打磨，足以看出开头部分对于写好一篇文章的重要性。文章的开头正是作者的立言之始，会给读者留下深刻的第一印象，这第一印象会直接影响读者对整篇文章的阅读感受。因此，我们在写作时，一定要把开头部分写好，为之后的文章创作打下良好基础。

看一眼必须收藏的知识点

作文开头的原则

　　文章的开头部分，并非随意之笔，它常常需要开门见山，与文章的中心思想、主要内容紧密相关，让读者能够明晰文章所要讲述的主题。开头倘若脱离了主题，就会变成一些无效的文字，就无法顺利地开启下文的写作。此外，开头还需要简洁明了，不给人留下啰嗦、不简洁的印象。故事中的欧阳修就对文章原有的开头做了精简，使文章变得更为精练、耐读。

看一眼必须背会的知识点

作文开头的五种巧妙技法

　　那么，文章开头部分到底需要怎么去创作，才能让读者有眼前一亮的感觉呢？这里有五种经典的开头创作方法，可以帮助我们写出优秀的文章。

　　（1）悬念设置法：这种方法可以将读者快速带入我们提前设定的情境之中，为读者设置一些悬念，让他们在阅读的时候产生一些疑问，并能带着这些疑问继续往下阅读。这种开头方式的好处是，能让读者有很强的代入感，与主人公的喜怒哀乐同频，从而引起读者的共鸣。同时，我们在创作的过程中，还要注意这种开头方式的语句一定要简洁生动，富有吸引力，否则会让读者产生不知所云的感觉，没有继续读下去的意愿。

（2）鲜明对比法：这是一种常见的开头方式，我们可以通过对一些不同事物的鲜明对比，来吸引读者的注意力，使读者能够带着评判的眼光去分析事物的特性，跟着文章的节奏走，快速进入文章阅读状态。这种开头方式，往往用于一些描写独特事物的文章，可以起到引人入胜的效果。

（3）精妙引用法：如果想让整篇文章读起来优雅别致，富有文采，我们可以运用精妙引用法，将一些与主题相关的、能够给人带来美好阅读感受的佳句，引用到我们文章的开头部分。这种方式可以应用在我们的记叙文、议论文甚至是一些说明文里，表达的方式可以是自由灵活的，材料也可以是丰富多彩的。

（4）写景烘托法：开头可以对当时特定环境中的景物进行描写，恰当的景物描写能够为下文烘托出氛围，从侧面反映出人物的心情，达到用景衬情、情景交融的良好效果，让文章的情感饱满感人、人物的形象更为立体生动。

（5）先声夺人法：这种开头方式，是直接用人物的对话来开篇，往往适用于具备独特语言风格的主要人物的出场，可以让人物形象凸现出来，吸引读者的注意力，给读者留出想象的空间，从而促使读者带着好奇心继续往下阅读。需要注意的是，这里的对话，需要展示出一定的新意，否则会让读者感觉寡淡无味。

8 提升格局的结尾

——杜甫的青云之志锤炼千古名句

　　诗圣杜甫早年就学有所成。他饱读诗书，才华横溢，写起诗来也如有神助，因此，年轻时就已经声名在外了。那时，年轻气盛的杜甫也有一腔抱负，想为朝廷效力，做出一番功绩。唐朝开元二十三年（735），二十四岁的杜甫来到皇城参加进士考试，结果名落孙山。然而，杜甫并没有把这次考试失利看得太重，一时的失败并未动摇他为国家出力的坚定信念。杜甫开始了自己的旅程，想通过游历山水来冲散考场失利带来的阴霾。于是，杜甫第一次来到了满心向往的东岳泰山。

　　当杜甫来到泰山的山脚下时，他看见拔地而起的泰山雄伟壮观，山上的树木郁郁葱葱，山顶则云雾缭绕、变幻莫测。看到此景此情，杜甫想起了孟子引用孔子"登泰山而小天下"的壮语豪言，一时间被圣人的广阔胸襟深深感染。杜甫瞬间来了灵感，诗意大发，于

是挥笔洒墨，写下了千古名篇《望岳》。诗中这样写道：

岱宗夫如何？齐鲁青未了。
造化钟神秀，阴阳割昏晓。
荡胸生曾（层）云，决眦入归鸟。
会当凌绝顶，一览众山小。

其中最为经典的就是最后一句"会当凌绝顶，一览众山小"，这样的结尾，笔力雄厚、气势高昂。"凌"字更是突显了作者想要登顶泰山的决心与豪情，将作者的青云之志表现无遗，同时也将整首诗的格局给提升了，成为千百年来传诵的经典名句。由此可见，一个能将文章格局提升、将文章主题升华的结尾，是成就经典名篇的关键。因此，我们平时在写作时，要十分重视结尾的写法。

看一眼必须收藏的知识点

优秀结尾的特点

结尾虽然是一篇文章的结束，但这并不代表文章真正意义上的结束，我们要尽量做到文字结束了，但文字的意义还有余韵，营造出余音绕梁的感觉，让读者回味无穷。此外，文章的结尾切忌拖泥带水、赘述啰嗦，更不能画蛇添足。好的结尾都是画龙点睛的，要精练，能高度总结全文，点明主题，引发读者的深思。

看一眼必须背会的知识点

结尾的六种方法

结尾并非千篇一律，也是有多种形式的，常见的有前后呼应法、点题总结法、抒情明旨法、议论升华法、写景启发法、虚构蓝图法这六种形式。

（1）前后呼应法：这种方法是比较常见的，就是在文章的开头与结尾部分进行对照呼应。这种结尾的方法，可以突出主题、让文章的结构变得饱满圆和，让文章的中心思想和主旨更为鲜明突出，方便读者理解文章的深刻内涵。这种方法可以是开头部分提出问题，文章结尾的部分总结性地回答文章开篇提出的问题，让文章前后呼应，读者心中的疑问得以最终解答。

（2）点题总结法：这种结尾方法往往是在文章的末尾处，用精练的语句对文章的主题、中心思想、写作目的进行总结，起到画龙点睛的作用，方便读者准确地理解文章的内涵，从而增加文章的深刻性与感染力，常用于记叙文与议论文。

（3）抒情明旨法：这种方法是在文章的结尾处使用抒情的表达方式，起到深化文章主旨的作用，能够很好地激发读者内心的情感，引起读者的共鸣。这种方法常用于我们写人、叙事、写景的记叙文中，少部分的议论文也是可以使用的。

（4）议论升华法：这种方法就是在结尾处使用议论的方式，将文章的主题再次升华、深刻反映出一些社会现象与作者丰富的情感，它常常是理性的，能起到警醒、鼓舞读者的作用。这种方法可以表现得柔和细腻，温暖人心；可以表现得气势磅礴，振奋人心；也可以表现得精练有理，折服人心。

（5）写景启发法：这种结尾方法通常是对富有寓意景物的描写，这里的寓意景物一定要立足文章，并且对文章主题起到拔高的作用。因此，我们在结尾处描写这类景物时，就可以通过含蓄且富含诗意的写法，进一步升华文章的主题，给人以耐人寻味的感觉，引发读者对文章的进一步思考。

（6）虚构蓝图法：这种结尾方法往往是根据文章主旨表达、故事情节发展延续的需要，在文章的末尾进行一些符合文章主题的、对未来合理的构想，虚构出唯美感人的情境，从而达到感动读者的目的，让人们对未来充满希望。

看一眼就记得住的语文学习技巧

作文结尾	优秀结尾特点	耐人寻味	语言精练
	结尾的六种方法	前后呼应法、点题总结法、抒情明旨法、议论升华法、写景启发法、虚构蓝图法	